U0614417

低碳创新网络多主体协同创新机制研究

郑翠翠◎著

吉林出版集团股份有限公司

全国百佳图书出版单位

图书在版编目（CIP）数据

低碳创新网络多主体协同创新机制研究 / 郑翠翠著.
长春：吉林出版集团股份有限公司, 2024.7. -- ISBN
978-7-5731-5303-6

Ⅰ. F062.2；F49

中国国家版本馆CIP数据核字第20249TY280号

DITAN CHUANGXIN WANGLUO DUO ZHUTI XITFTONG CHUANGXIN JIZHI YANJIU

低碳创新网络多主体协同创新机制研究

著　者	郑翠翠
责任编辑	王丽媛
装帧设计	清　风

出　版	吉林出版集团股份有限公司
发　行	吉林出版集团社科图书有限公司
地　址	吉林省长春市南关区福祉大路5788号　邮编：130118
印　刷	长春新华印刷集团有限公司
电　话	0431-81629711（总编办）
抖音号	吉林出版集团社科图书有限公司　37009026326

开　本	710 mm×1000 mm　1 / 16
印　张	11
字　数	205千字
版　次	2024 年 7 月第 1 版
印　次	2024 年 7 月第 1 次印刷

书　号	ISBN 978-7-5731-5303-6
定　价	58.00 元

如有印装质量问题，请与市场营销中心联系调换。0431-81629729

前　言

　　近年来，化石燃料被过度开采，产生了资源枯竭和温室效应等问题，这些问题受到了各国政府和学术界的高度重视。我国政府先后提出《中国制造2025》行动纲领，创新、协调、绿色、开放、共享的新发展理念，以及"碳达峰"与"碳中和"的战略目标。低碳创新是应对气候变化，减少碳排放量，促进低碳经济发展的强有力手段。然而，单一主体的低碳创新行为不足以应对越来越复杂的市场需求和科技研发挑战，因此，低碳创新逐渐由线性发展为多主体协同互动的低碳创新网络模式。低碳创新网络中的协同创新主体如何能够充分发挥各自优势、减少低碳创新成本、提高创新资源利用率、促进低碳创新发展正在成为国内外研究者关注的热点。基于此，本书以低碳创新网络为背景，对多主体协同创新互动关系、知识转移机制、决策机制、评价机制进行研究，并提出低碳创新网络多种主体协同创新促进策略。

　　本文的主要内容如下：

　　第一，研究了低碳创新网络多主体互动关系，通过对现有研究成果进行梳理和实践调研，确定了低碳创新网络中的核心主体和支撑主体，以及核心主体和支撑主体之间的互动关系；从内部和外部两个角度，分析了低碳创新网络多主体协同创新动力；构建了由知识转移机制、决策机制和评价机制构成的低碳创新网络多主体协同创新机制，并分析了不同机制之间的关系。

　　第二，研究了低碳创新网络多主体协同创新知识转移机制。从系统动力学的角度，描述了低碳创新网络中学研机构和企业之间正向和反向知识转移过程，构建了知识转移行为、知识特性、知识转移情境、知识整合能力、消费者参与五类因素对学研机构和企业之间知识转移影响的因果关系模型和系统流图，并对模型进行了仿真分析和灵敏度分析。研究表明，低碳创新网络多主体协同创新正向知识转移较反向知识转移而言，对五类因素的变化更为敏感，而五类因素对知识转移的影响程度由高到低依次为消费者参与、知识转移情境、知识特性、知识转移行为、知识整合能力。其中，消费者参与、知识转移行为和知识整合能力均呈正向影响，消费者参与中的服务定制对知识转移有更显著的影响作用；知识转移情境中的低碳文化竞争力和信任程度对知识转移有正向影响，组织距离对知识转移有负向影响，且低碳文化竞争力对知识转移影响效果更显著；知识特性的负向影响在正向知识转移过程中更明显。

第三，研究了低碳创新网络多主体协同创新决策机制。构建了低碳创新网络中政府、企业、学研机构三方低碳协同创新决策演化博弈模型，得到不同情形下三方的演化稳定策略，采用数值仿真方法，重点分析了成本分摊系数、利益分配系数、政府激励、违约罚金参数变化对三方低碳协同创新决策演化结果的影响。研究表明，不同状态下的成本分摊系数、利益分配系数、政府激励、违约罚金参数变化对政府、企业和学研机构低碳协同创新决策演化结果的影响存在差异；通常情况下，政府会选择参与低碳协同创新；设置合理的成本分摊系数和利益分配系数有利于企业和学研机构选择低碳协同创新；政府不同的激励机制对企业和学研机构的影响效果不同；企业对违约罚金更敏感。

第四，研究了低碳创新网络多主体协同创新评价机制。从协同创新投入、协同创新合作、协同创新产出、协同创新辅助条件四个层面构建了低碳创新网络多主体协同创新评价指标体系。基于特殊函数构造了新的直觉模糊熵，并证明了该熵的有效性，利用层次分析法与熵值法相结合的主客观赋权法确定各评价指标的权重。然后采用直觉模糊综合评价法，对京津冀、长三角、长江中游、珠三角和成渝5个典型区域的13个省（直辖市）低碳创新网络多主体协同创新进行评价和分类。

最后，本书在对低碳创新网络多主体协同创新互动关系、知识转移机制、决策机制、评价机制研究的基础上，从低碳创新网络核心主体角度、支撑主体角度以及核心主体与支撑主体互动关系角度，提出了低碳创新网络多主体协同创新的促进策略，以期为进一步促进低碳经济发展做出贡献。

目　　录

第一章 绪 论

第一节 研究背景和意义

一、研究背景

随着化石燃料被大幅开采利用，资源枯竭以及温室效应愈加严重，急剧恶化的环境问题已经引起世界各国政府和人民的高度重视。《联合国气候变化框架公约》《京东议定书》《哥本哈根协议》《巴黎协定》等重要文件的发布，促使世界各国制定碳减排目标和政策。党的十八届五中全会提出了创新、协调、绿色、开放、共享的新发展理念，为我国推进绿色低碳发展指明了方向。我国自2020年提出"双碳"目标以来，"碳达峰""碳中和"被写入政府工作报告，"十四五"规划中也指出要加快推动绿色低碳发展。低碳发展离不开低碳经济，最早在2003年英国政府的能源白皮书中指出，低碳经济的重点是制度创新和技术创新。之后，日本、美国先后发布了《革新环境技术创新战略》和"负碳攻关计划"，强调技术创新是实现碳减排目标的关键手段。近年来，我国政府高度重视创新发展，先后制定颁布了《国家中长期科学和技术发展规划（2006—2020年）》《中共中央 国务院关于深化体制机制改革加快实施创新驱动发展战略的若干意见》《国家创新驱动发展战略纲要》《科技支撑碳达峰碳中和实施方案（2022—2030年）》等政策文件，为低碳创新发展进行了宏观战略部署。因此，低碳创新是应对气候变化，降低碳排放量，促进低碳经济发展的重要途径[1]。

作为驱动低碳经济发展的核心力，创新是一项从无到有，从低级到高级的复杂活动，这一复杂性在低碳创新领域也在不断增强。单个主体的创新行为已无法应对越来越复杂的市场需求，多个主体间协同创新能够克服创新障碍，降低研发成本，实现资源互补、风险共担、利益共享，被越来越多的创新主体选用[2, 3]。随着主体之间创新合作的深入发展，低碳创新模式逐渐由线性发展为多主体协同互动的网络模式，低碳创新网络作为一种新的组织形态应运而生。低碳创新网络是在低碳情境下由政府、企业、学研机构、金融机构、中介机构等创新主体相互结合而成的新型低碳创新体系，以低碳创新为基础，创新主体通过低碳创新网络进行技术、知识、信息和物资等低碳创新资源流动和共享，产生协同效应，减少环境污染、降低生态环境危害，促进经济与环境协调发展[4]。

协同创新是创新的重要途径，随着美国"硅谷模式"的成功实践，日本、德国等国家也越来越重视协同创新，陆续形成了以企业、学研机构为主体进行协同创新的研究热潮，将企业和学研机构紧密联系在一起，构建了各具特色的协同创新体系和促进机制，提升了国家创新能力和综合国力。随着我国创新活动不断渗透到经济社会发展过程，协同创新已经成为整合创新资源、提升创新效率、增强创新效果、促进创新成果转化的有效途径。与美国、日本、德国等发达国家相比，我国虽然已经建立了多种类型的协同创新中心，在企业和学研机构之间建立了合作关系，但是仍然存在着协同创新效率不高、合作能力不够完善等问题。

党的二十大报告强调，加快实施创新驱动发展战略。加强企业主导的产学研深度融合，强化目标导向，提高科技成果转化和产业化水平。强化企业科技创新主体地位，发挥科技型骨干企业引领支撑作用。推动创新链产业链资金链人才链深度融合。《关于进一步完善市场导向的绿色技术创新体系实施方案（2023—2025年）》中指出要强化企业创新主体地位，完善转化应用市场机制，加强创新服务保障，推动形成各类创新主体活力竞相迸发、产学研用衔接高效、创新效能持续提升的绿色技术创新工作格局。为促进低碳创新发展，需要将企业、学研机构、政府、中介机构、金融机构、用户等主体结合起来，合理分工、相互协作，通过对知识、技术资金等低碳创新资源合理配置，形成优势互补，进行低碳创新网络多主体协同创新。

目前，关于低碳创新网络的研究较少，低碳创新网络中多主体共同参与低碳创新的过程中还存在着创新成果集成效果不佳、优势核心资源共享和融合困难、基础研究与应用研究互动不强、科技需求与人才培养供需不足等问题。因此，本书希望通过将低碳创新网络和协同创新相结合研究，分析低碳创新网络多主体协同创新机制，提高低碳创新网络运行效率，增强多主体协同创新能力，促进低碳经济发展。

二、研究意义

（一）理论意义

揭示了低碳创新网络多主体协同创新运行过程。本书对低碳创新网络、协同创新以及基于低碳创新网络的协同创新机制相关研究进行了梳理和分析，明确了低碳创新、创新网络、低碳创新网络、协同创新的内涵，有助于从微观角度分析低碳创新网络多主体协同创新运行过程，为深入研究低碳创新网络多主体协同创新机制提供了理论依据。

完善了低碳创新网络多主体协同创新机制的研究理论与方法。在已有的研究理论和模型基础上，本书综合运用三螺旋理论、协同创新理论、系统论理论、演化博弈理论、系统动力学等多种理论、技术与方法，对低碳创新网络多主体协同创新机制问题进行深入研究与详细阐述，进一步丰富了低碳创新网络多主体协同创新机制研究理论与方法。

拓展了低碳创新网络多主体协同创新机制的相关研究。在发展低碳经济和实施创新驱动发展战略背景下，本书将低碳创新网络和多主体协同创新结合研究，明确低碳创新网络中的主体，对低碳创新网络多主体协同创新互动关系、知识转移机制、决策机制、评价机制等进行具体分析，丰富了低碳创新网络多主体协同创新的研究成果，也为低碳创新网络和协同创新提供了新的研究视角。

（二）现实意义

有助于提高低碳创新网络中主体的协同性。通过对低碳创新网络多主体协同创新不同机制的研究，为低碳创新网络中的创新主体提供科学合理的决策参考，帮助创新主体进行知识转移、行为决策，使创新主体可以高效地获取和利用低碳创新资源，促进创新主体间低碳信息交流和资源共享，增强低碳创新网络中主体间有效配合和协同合作。

有利于提升低碳创新网络多主体协同创新成果产出。本书以低碳创新网络多主体协同创新机制为出发点，通过对多主体协同创新知识转移机制、决策机制、评价机制进行研究，进一步运用数值仿真和实证分析方法，明确影响创新主体之间协同关系的因素，有利于增强低碳创新网络多主体协同创新稳定性，促进低碳创新网络多主体协同创新成果产出。

有益于制定低碳创新网络多主体协同创新促进策略。通过对低碳创新网络多主体协同创新机制进行系统分析以及提出促进策略，有利于提升低碳创新网络运行效率，增强多主体协同创新能力，为相关部门制定低碳经济发展政策提供依据和参考，有利于促进经济与环境可持续发展。

第二节　国内外研究现状

根据研究目的和研究问题，笔者从低碳创新网络、协同创新、基于低碳创新网络的协同创新机制三个方面对现有相关文献进行梳理。

一、国外研究现状

（一）低碳创新网络的相关研究

1. 低碳创新

目前，国外学者对低碳创新的研究大多集中在低碳创新的内涵、影响因素以及低碳创新效率测度与评价方面。

对低碳创新内涵的研究。国外学者从节能减排、实现途径与社会价值等视角对其进行了阐释。Rennings等（2000）指出低碳创新可分为低碳产品创新和低碳工艺创新。企业通过生产环境友好型产品、改进传统生产系统，能够减少能源使用，降低环境污染，缓解日趋严峻的环境问题[5]。Berkhout（2002）认为低碳创新主要是指使各关键生产流程实现节能减排和提升能源利用率的创新活动，通过这些创新活动可以促进企业的可持续发展[6]。Hoffert等（2002）

认为低碳创新是一种以可再生能源技术为主体的突破性创新活动[7]。Schiederig 等（2012）指出低碳创新可以同绿色创新、生态创新、环境创新、可持续创新等概念互换使用，低碳创新包括低碳技术、产品、企业环境管理等方面的创新[8]。Berrone等（2013）指出低碳创新是企业生产过程中能源和原材料投入最小，同时废弃物排放量也最小，对环境消极影响最小的活动过程。低碳创新是促进企业可持续发展、应对外部压力的重要手段[9]。Wilson（2018）认为低碳创新是减缓气候变化的能源转型研究，包括低碳创新政策和低碳创新实践。低碳创新的显著特点是能够为现有的能源生产、分配或使用形式提供更高效、更低碳的替代品[10]。Geels等（2018）指出低碳创新是降低能源需求的重要途径[11]。Malhotra等（2020）和Sovacool等（2022）认为加快低碳创新技术在太阳能光伏、电动汽车等领域的应用，能够促进低碳创新，对改善全球气候目标至关重要[12, 13]。Pettifor等（2020）在研究中进一步指出加强交通、食品、住宅和能源方面的低碳创新，有利于缓解气候变化[14]。Świadek等（2021）研究发现低碳创新能够提高企业经济效益，有助于增强企业生产能力，提高企业生产灵活性、产品质量，降低单位劳动力成本[15]。

对低碳创新影响因素的研究。国外学者较多关注低碳政策、社会、环境、经济发展、研发投入、金融市场等单一维度因素对低碳创新的影响。Rogge等（2018）和Mercure等（2019）认为气候和能源政策的制定有利于拉动低碳创新[16, 17]。Bergh等（2021）认为碳定价对低碳创新产生了积极的影响，建立碳排放交易制度有利于促进低碳创新[18]。Polzin（2017）指出绿色金融能够促进低碳创新发展，政府政策工具是解决企业低碳创新初期资金短缺的重要措施[19]。Lyu等（2020）认为低碳技术创新可以减缓和适应气候变化，而碳排放交易制度有助于低碳技术创新发展[20]。Warren（2020）指出加强低碳创新融资能够促进低碳创新，改善气候变化问题[21]。Fragkiadakis等（2020）通过实证分析发现增加研发投入能够促进低碳创新发展，进而缓解气候变化[22]。Samargandi等（2022）通过实证研究发现强化金融市场能够克服低碳创新资金限制问题，促进低碳经济发展[23]。

对低碳创新效率测度与评价的研究。Arundel等（2009）指出低碳技术创新成果和低碳知识创新成果是衡量低碳创新的重要指标[24]。Kim等（2012）

从投入—产出的角度，选取企业资产、研发人员和资金作为投入指标，专利数作为产出指标，并利用DEA方法对全球汽车绿色低碳技术创新效率进行评价[25]。Alptekin等（2018）从成本和收益角度，将碳排放量、能源强度等作为成本指标，可再生能源消费百分比、森林面积百分比等作为收益指标，利用灰色关联度方法对欧盟国家和土耳其的低碳发展水平进行评价[26]。

2. 创新网络

Freeman（1991）最早提出了创新网络的概念，指出创新网络是企业之间建立的创新合作关系[27]。Cooke等（1999）认为创新网络中包括政府、企业、科研机构等创新主体，主体之间建立的合作关系形成了创新网络[28]。Corsaro等（2012）认为创新网络是由来自不同行业、商业的异质性参与者构成的[29]。在此之后，越来越多的研究者围绕创新网络的结构特征、作用以及创新网络演化等方面进行了探讨。

对创新网络结构特征的研究。Kastelle等（2010）认为创新网络具有无标度、小世界的特点[30]。Nepelski等（2018）构建了全球信息通信技术创新网络，发现一个国家在网络中的位置会影响其与网络中其他国家的研发联系[31]。Kim等（2018）分析了韩国中小企业创新网络的网络结构密度、中心性对中小企业创新绩效的影响[32]。Innocenti等（2020）基于意大利地区间知识合作创新专利数据，通过实证分析发现提高知识创新网络的凝聚系数以及网络连通性有助于促进创新产出[33]。

对创新网络作用的研究。国外学者主要关注于创新网络对知识扩散、创新能力提高以及区域经济增长的影响。Crespo等（2014）研究发现构建企业间创新网络，可以弥补单个企业的知识、资源以及创新能力不足的问题[34]。Asheim（2017）研究发现企业、区域以及某些产业的创新网络的形成对知识的创造、传播以及创新绩效的提高具有一定的促进作用[35]。Najafi-Tavani等（2018）和Giusti等（2020）认为企业之间建立合作关系，形成创新网络，能够促进知识传递，提升企业创新能力[36, 37]。Bednarz等（2019）指出知识网络和空间结构有利于知识在区域间传播[38]。Champenois等（2018）、Gabriele等（2020）以及Neulndtner等（2020）的研究发现产学研协同创新网络的形成有利于提升区域创新绩效，进而可以增强区域创新能力[39-41]。

对创新网络演化的研究。国外学者主要对创新网络拓扑结构演化进行探讨，如Ekaterina等（2016）分析了北美和欧洲地区航空航天产业集群创新网络结构和演化[42]。Sabzian等（2020）基于多Agent理论和社会网络理论，分析得出伊朗移动通信技术创新网络的结构，最终将逐渐演化成为平均路径长度较短、凝聚力较强的小世界网络形态[43]。

3. 低碳创新网络

国外有关低碳创新网络的研究相对较少，Köhler（2013）研究发现建立良好的创新网络关系有利于促进低碳技术扩散[44]。Frame（2018）指出加快创新主体之间知识流动，能够带动低碳创新网络发展[45]。Melander等（2019）研究发现企业通过与其他行业的供应商和客户合作，扩展创新网络，有利于企业获取绿色创新知识[46]。Fabrizio等（2020）通过实证分析发现，企业通过网络与其他企业互动获取外部知识，能够克服其在绿色低碳创新方面的不足，增强其绿色低碳创新能力，提高绿色低碳创新绩效[47]。Melander等（2022）认为绿色低碳创新网络包括政府、学校、研究机构、非政府组织、行业协会等主体以及主体之间横向、纵向合作关系，并且发现与常规创新网络相比，政府在绿色低碳创新网络中的参与程度更高[48]。

（二）协同创新的相关研究

国外关于协同创新的研究主要集中在协同创新的内涵、过程及机制等方面。

1. 协同创新的内涵与过程

美国学者Ansoff最早提出了"协同"的思想，认为企业中不同部门之间合作，共同创造价值即为协同[49]。德国物理学家Haken认为协同是大系统中各子系统之间互相合作、相互配合，最终会产生"1+1>2"的协同效应[50]。之后，美国学者Gloor将"协同"与"创新"的概念进行整合，给出了协同创新的定义，认为协同创新是通过创新主体间组成的网络进行思想、信息、技术的互动与交流，最终实现创新主体共同的目标[51]。Koschatzky（2002）认为协同创新的目的是促进知识在主体间流动，实现主体价值增值[52]。Miller等（2018）和Vivona等（2022）认为大学、科研院所、企业、中介组织、金融机构、政府是协同创新的主体[53,54]。Tietze（2015）认为企业协同创新具有风险共担的优势，协同过程中的溢出效应能够增强企业的创新潜力[55]。Serrano等（2007）认为协同创新是集中异质创新企业的优势进行资源整合[56]。Calcagnini等（2016）认为协同创新可以充分发挥创新主体的异质性优势，从而降低创新成本，其本质是创新主体的分工协作[57]。Mate等（2023）实证发现，协同创新对葡萄牙IT公司的财务业绩具有积极而重大的影响[58]。

2. 协同创新机制

Varrichio等（2012）认为协同创新机制是指对协同创新过程中可能出现的情况进行设计，避免此类情况影响协同创新效果[59]。国外学者主要从知识创造机制、信任机制、激励机制、惩罚机制、利益分配机制等方面对协同创新机制进行研究。Gupta等（2015）基于深度访谈方法，阐述了公司之间合作创新时知识扩散的过程[60]。Faccin等（2018）对知识密集行业中合作研发项目过程进行分析，认为合作创新有利于知识创造[61]。Hemmert等（2014）研究发现，文化差异会影响主体之间的相互信任最终会导致学校和企业之间合作的不稳定[62]。Bstieler等（2017）通过实证分析发现，企业和学研机构之间信任关系的形成取决于彼此之间关系成熟度，良好的沟通有利于增强主体之间信任程度[63]。Hutchison等（2014）和Stoop等（2018）认为建立合理的奖励机制和惩罚机制可以提高协同创新水平[64, 65]。Berbegal等（2015）指出在开展校企协同创新时，对协调创新利益进行合理分配，是实现"双赢"的关键[66]。Manzini等（2016）运用案例分析法对意大利新产品开发企业进行分析得出，建立合理的知识产权保护机制能够促进企业之间进行新产品协同研发[67]。Kim等（2019）利用回归分析方法，分析得出环境保护政策有利于提升低碳技术协同创新效率[68]。

（三）基于低碳创新网络的协同创新机制相关研究

国外基于低碳创新网络的协同创新机制的直接研究成果较少，Oliver等（2020）从影响低碳创新网络协同创新稳定性的因素角度进行研究，指出在复杂环境下，单一主体无法承担低碳创新的全部任务，需要多主体协同创新，企业和学研机构之间合作稳定性受主体之间信任的影响[69]。Świadek等（2021）对波兰低碳创新进行案例分析，探讨了低碳创新网络中主体间合作互动机制，发现波兰的科研机构、企业和政府在低碳创新发展方面缺乏合作，需要强化政府的引导作用[15]。还有学者从低碳创新网络中主体间合作形成协同创新优势的角度展开研究，如Dangelico等（2013）研究发现企业与供应链上的企业、客户、监管机构等参与者建立的协作网络有利于知识传播，能够促进绿色低碳产品开发[70]。Duscha等（2021）指出，主体之间建立良好的沟通、协调机制，能够促进低碳创新网络稳定发展[71]。Hattori等（2022）认为，低碳创新具有一定的风险性和不确定性，需要不同主体开展合作，形成创新网络，实现资源互补、风险共担、利益共享[72]。

二、国内研究现状

（一）低碳创新网络的相关研究

1. 低碳创新

相比国外的研究，国内学者对低碳创新的研究起步较晚。近年来，国内学者对低碳创新内涵、影响因素及低碳创新效率测度与评价逐渐予以关注，并取得了一定的进展。

对低碳创新内涵的研究。陆小成（2008）认为政府、企业、学研机构等构成了低碳创新系统的主体，构建低碳创新系统可以提升低碳技术创新水平，促进低碳经济发展[73]。邓正红（2012）认为低碳创新包括低碳技术创新、低碳产品创新等，低碳创新是应对气候变化的重要手段[74]。岳书敬等（2014）和Luo（2017）指出低碳创新能够有效降低碳排放量[75, 76]。李大元等（2016）认为低碳创新的目的是节约资源消耗、减少污染、提高企业碳绩效[77]。Qi等（2010）指出企业践行低碳创新的重要原因是企业对自身碳风险的认识[78]。Peng等（2016）指出低碳创新行为的有效驱动力是企业环境风险意识[79]。姚炯等（2018）认为低碳创新是一种以能源节约、环境优化、经济发展为核心的发展理念，与循环经济、绿色发展、绿色经济、生态创新等概念具有相近性[80]。周志方等（2019）指出低碳创新是企业生产过程中能源和原材料投入最小、废弃物排放量最小、对环境消极影响最小的活动过程，低碳创新是企业保持竞争优势的关键[81]。Hu等（2022）认为低碳创新是实现清洁生产和环境友好型社会的有效途径，可分为低碳产品创新和低碳工艺创新[82]。

对低碳创新影响因素的研究。国内学者主要集中于研发投入、环境政策、市场、金融、经济发展等内、外部因素对低碳创新的影响。Yin等（2019）实证分析发现，充足的政府支持可以缩短区域低碳创新体系的演进周期，有利于推进低碳创新[83]。Sun等（2022）实证发现当经济和技术投入增加时，对低碳技术创新具有积极影响[84]。Zhao等（2021）和Zhang等（2022）指出绿色金融工具能够有效解决低碳创新项目融资渠道狭窄、期限错配等问题，有助于实现低碳发展、碳达峰、碳中和目标[85, 86]。Hu等（2022）采用SWOT分析来比较英国、日本和美国在碳减排过程中采取的金融措施，证实了政府资金和金融创新有利于激励低碳创新[87]。Yang等（2021）通过比较湖北省和辽宁省实施低碳政策前后的碳排放量和经济发展情况，发现低碳政策可以推动低碳创新发展[88]。Liu等（2021）通过实证研究发现碳排放交易制度能够促进低碳创新[89]。Cui等（2020）从经济利益、管理以及宏观环境角度对低碳技术协同创新的影响因素进行了细分，并进一步运用解释结构模型分析了各因素间的关系[90]。Pan等（2022）和Ren等（2023）研究发现低碳城市试点政策有利于带动城市低碳创新[91, 92]。此外，Li等（2022）认为绿色金融能够促进低碳创新[93]。Zhou等（2019）指出建立合理的碳金融和碳市场能够促进低碳创新发展[94]。Sun等（2020）进一步利用Multi-agent仿真模拟了碳金融对区域低碳创新发展的促进作用[95]。Chen等（2022）利用双重差分法（DID）研究了绿色信贷政策与企业低碳技术创新之间的关系，发现绿色信贷政策可以明显促进企业进行低碳技术创新[96]。Shao等（2022）实证发现数字金融能够抑制碳排放，推动低碳创新发展[97]。Jiang等（2020）从企业内外两个层面对影响低碳创新战略决策的关键因素进行了实证分析，得出企业的低碳创新战略与制度压力、利益相关者压力、自主创新能力、吸收再创新能力呈正相关关系，合作创新能力和创新资源对低碳创新战略的影响不显著[98]。

对低碳创新效率测度与评价的研究。基于测度与评价指标体系，低碳创新效率测度与评价主要分为单指标评价和多指标评价。岳书敬等（2014）从研发投入的角度建立生产函数对低碳创新效率进行测度[75]。Yan等（2017）和Ma等（2021）从产出的角度，将低碳创新专利作为衡量低碳创新水平的指标[99, 100]。随着研究的深入，学者逐渐构建多指标体系对低碳创新效率进行测度。Wang等（2017）从低碳创新投入、低碳创新产出、低碳创新环境三个方面构建了区域低碳创新能力评价指标体系，对中国低碳创新能力进行评价[101]。Guo等（2018）和Jiang等（2018）从投入、期望产出和非期望产出三个角度构建了低碳创新效率评价指标体系[102, 103]。随着研究的深入，学者开始尝试利用不同方法对低碳创新效率开展综合测评。如梁文群等（2019）以低碳创新投入作为投入要素，以科技论文、发明专利授权以及新产品销售收入作为创新活动的期望产出，将环境污染和碳排放作为非期望产出，运用SBM模型对低碳创新效率进行测度[104]。Li等（2021）从投入、支持、分配和产出四个方面构建了低碳创新效率评价指标体系，并利用DEA方法对中国低碳创新效率进行评价[105]。

2. 创新网络

盖文启（1999）在早期就提出了创新网络理论，指出创新网络是不同主体之间相互合作、交流形成的稳定系统，创新网络绩效会受到创新主体之间关系强弱的影响[106]。之后，国内研究者针对创新网络结构、作用、演化等内容展开探讨。

对创新网络结构的研究。国内学者主要基于复杂网络理论对创新网络结构进行研究。李星等（2011）和Chen等（2014）研究发现企业创新网络是个复杂网络，具有小世界和无标度特性[107, 108]。方炜等（2018）研究认为企业和高校间的协同创新网络具有小世界拓扑结构特征[109]。任义科等（2021）研究发现产学研创新网络具有小世界和无标度特性，并且随着产学研合作越紧密，小世界现象越明显[110]。Su等（2023）将协同创新网络划分为小世界网络和无标度网络，并利用数值模拟观察了不同网络中显性知识和隐性知识的流动特征[111]。

对创新网络作用的研究。国内学者主要围绕创新网络对知识扩散、创新绩效的影响展开研究。Qiao等（2019）和鲁若愚等（2021）研究发现创新网络的形成有利于知识扩散[112, 113]。Gao等（2020）建立了协同创新信息传递模型，分析得出调整网络结构能够有效的提高信息流动效率和效果[114]。Mao等（2020）认为大学和产业构成的创新网络是创新的重要载体，通过实证分析发现网络密度有助于知识增长[115]。李海林等（2023）基于新能源汽车专利数据构建了协同创新网络，发现网络结构变化对创新绩效产出的影响存在差异[116]。王海花等（2023）建立了由知识网络和区域合作网络构成的产学研协同创新多层网络，通过实证分析发现知识网络结构的静态特征与产学研协同创新绩效存在正向促进关系，而动态特征与创新绩效存在倒U型关系，区域合作网络特征具有调节作用[117]。

对创新网络演化的研究。顾伟男等（2019）指出创新网络的演化是指网络中主体之间联系互动，不断演进的过程，并且随着时间的推移，创新网络逐渐完善[118]。国内研究者主要围绕知识匹配、演化博弈、空间演化等视角对创新网络的演化展开研究。

在知识匹配方面。贾卫峰等（2018）和杨毅等（2018）认为创新主体与网络中知识匹配，可以获得自身所需知识，进而带动网络中知识的流动，促进创新网络的形成。创新网络中知识在节点之间的不同流动方式对网络演化具有不同影响[119, 120]。

在演化博弈方面。Xu等（2019）构建了企业间协同创新网络，利用复杂网络演化博弈方法仿真分析了收入分配、背叛者补偿、政府补贴和监管对协同创新网络稳定性的影响[121]。曹霞等（2020）利用网络演化博弈方法，仿真分析了市场机制和政府调控对企业和学研机构构成的创新网络演化进程的影响[122]。

在空间演化方面。Li等（2018）利用社会网络和空间计量经济学方法分析了农业合作网络的演化情况[123]。Zhu等（2022）利用重力模型方法研究了城市创新网络演化的时空特征[124]。Wang等（2022）仿真分析了先进装备制造业创新网络演化过程，得出创新网络的聚类系数和平均距离在不同演化阶段呈现不同变化，但最终趋于稳定[125]。

3. 低碳创新网络

国内学者对低碳创新网络的研究主要包括低碳创新网络的定义、作用以及影响因素的分析，陆小成等（2009）指出区域低碳创新系统是与低碳技术创新相关的政府、企业、学研机构等创新主体和机制构成的网络体系[126]。傅首清（2010）、张广欣（2020）以及刘立菊（2021）认为区域低碳创新网络是以低碳创新为目的，由企业、高校、科研机构等主体构成的一种资源整合体系[127-129]。樊步青等（2016）认为制造业低碳创新系统是由政府、企业、高校等多主体，以及人才、资金、物力等多种要素相互作用和影响的复杂开放系统[130]。王晓岭等（2011）指出低碳型产业创新网络的形成能够提高创新资源使用率，推动低碳产业创新发展[131]。陈文婕等（2019）借助网络分析方法对全球低碳汽车合作创新网络多维邻近性进行了实证分析[132]。徐建中等（2019）利用复杂网络演化博弈方法分析了低碳创新初始效益、合作成本、协同效益、溢出效益和违约惩罚对企业低碳创新合作网络演化的影响[133]。Dong等（2020）对制造业低碳技术突破前后创新网络创新绩效进行了定性和定量评价[134]。Yang等（2020）基于中国制造业专利申请数据，构建出中国低碳创新网络，并分析了网络结构特征以及其影响因素[135]。

（二）协同创新的相关研究

国内关于协同创新的相关研究主要集中在协同创新的内涵、过程及机制等方面。

1. 协同创新的内涵与过程

陈光（2005）和郑刚（2015）认为协同创新是对创新要素有机整合的过程[136, 137]。陈劲等（2012）认为协同创新是为了实现重大科技创新，政府、企业、学研机构等创新主体之间互动形成的网络创新模式[138]。许庆瑞等（2006）和Ma等（2022）认为协同创新是对主体间创新资源的整合和共享[139, 140]。Wang（2012）指出政府、企业和学研机构之间合作是提升创新效果的有效途径[141]。戚湧等（2013）指出协同创新有助于促进经济社会发展[142]。洪银兴（2013）认为协同创新是实现创新驱动发展的基础[143]。解学梅（2015）从创新主体、政策环境、系统机制以及关系网络四个角度，对协同创新的影响因素进行了细分[144]。Zhao等（2017）认为协同创新系统建立的目的是促进企业、学研机构、政府等创新主体相互协作、资源共享，最终形成协同效应[145]。吴卫红等（2018）建立了由政府、企业、大学、研究机构、用户以及资本部门构成的协同创新"三三"螺旋模式，并探讨了各主体的作用[146]。原长弘等（2019）指出产学研协同创新是增强企业自主创新能力的重要手段[147]。吴悦等（2020）、Yin等（2021）以及Wu等（2022）认为协同创新是实现知识共享、知识创造、形成知识优势的过程[148-150]。吕璞等（2020）

指出协同创新是企业产生新技术和新产品的有效途径[151]。Chen等（2020）基于演化博弈理论，仿真分析了碳税和碳补贴政策对政府、制造商、公众三方低碳技术协同创新演化进程的影响[152]。

2. 协同创新机制

许彩侠（2012）认为区域协同创新机制是创新主体发挥各自优势，相互协作，以增强企业自主创新能力，促进地区经济发展[153]。解学梅（2013）指出建立有效的协同创新机制，能够增强创新网络中主体间协同创新效果[154]。王毅（2014）指出合理的协同创新机制是促进协同创新有序进行的制度方式，有利于帮助企业解决技术创新问题，增加创新收入[155]。张纪海等（2020）认为军民科技协同创新可分为创新流程和成果转化两个阶段，并对各阶段协同创新机制进行了详细设计[156]。之后，学者们主要对协同创新相关理论、利益分配机制、激励机制、信任机制、知识流动等内容进行了深入研究。

在协同创新相关理论方面。彭晓芳等（2019）构建多主体知识转移生态关系模型，通过仿真实验探讨了不同生态关系下多主体知识转移的演化规律[157]。田庆锋（2020）利用扎根理论建立了军民科技协同创新影响因素体系，仿真分析了不同因素之间的关系，揭示了军民科技协同创新融合机制[158]。蒋兴华等（2020）认为协同创新系统是由多要素、多主体构成的，并分析和总结了协同创新系统运行机制[159]。

在协同创新利益分配机制方面。刘勇（2016）认为利益是企业和学校建立长期合作关系的基础，有效的利益分配方式会增强主体之间合作的稳定性，提高协同创新绩效[160]。张忠寿等（2019）利用改进的Shapely值法对科技金融生态系统协同创新过程中利益分配进行了分析，得出建立合理的利益分配机制是促进主体开展创新的重要动力[161]。Hou等（2020）将经典博弈模型与仿真分析相结合，研究了政府、电信设备制造商和电信运营商三方利益分配的最优化问题[162]。周国华等（2020）认为建立有效的利益分配机制，有助于调动企业合作积极性，提高协同创新网络整体合作水平[163]。Ji等（2021）认为多主体协同创新是创新发展的主要动力，建立合理的利益共享模式能够促进协同创新[164]。

在协同创新激励机制方面。吴洁等（2019）建立了政产学研协同创新演化博弈模型，并仿真分析了政府激励对企业和学研机构协同创新策略选择的影响[165]。Zhao等（2020）运用演化博弈理论对政府、银行以及电网企业三方协同创新行为决策进行分析，通过模拟仿真得出合理的碳补贴和碳资产抵押信用等激励机制有利于促进电网低碳技术协同创新，提高电网企业的竞争力[166]。汤薪玉（2020）认为建立合理的激励机制能够有效刺激主体参与协同创新[167]。李婉红等（2022）构建了绿色智能制造生态系统中政府、企业、学研机构随机演化博弈模型，仿真分析得出政府同时实施奖励和惩罚措施比单独采取奖励或者惩罚措施，更有利于促进企业和学研机构进行绿色智能技术协同创新[168]。Hu等（2023）认为政府支持是一种长期的激励手段，可以通过成本补贴或成就激励的方式达到激励绿色智能建材企业协同创新的目的[169]。

在协同创新信任机制方面。张磊等（2017）指出信任是创新主体顺利开展协同创新合作的基础，进一步分析了影响协同创新主体之间信任的因素[170]。陈伟等（2020）利用结构方程模型分析得出，信任可以有效促进企业与学研机构协同创新[171]。Meng等（2023）实证分析发现，建立良好的产学研协同合作信任关系，可以加速协同合作创新绩效产出[172]。

在协同创新知识流动方面。李柏洲等（2020）利用B-Z反应模型分析了企业绿色创新系统中知识获取、知识流动和绿色创新绩效协同演化关系[173]。苏加福等（2020）研究发现知识流动效率对协同创新绩效有着重要影响[174]。马永红等（2020）构建了产业集群协同创新中核心企业和配套企业的知识共享微分博弈模型，得出知识共享投入补贴作为一种激励策略，有助于提升企业知识共享意愿，增加企业知识共享收益[175]。

（三）基于低碳创新网络的协同创新机制相关研究

葛静（2014）认为企业低碳技术创新网络运行机制是创新主体发挥各自资源优势、相互协作，使创新网络可持续发展[176]。Wu等（2017）建立了复杂网络环境下企业和政府博弈模型，仿真分析了政府补贴和监管措施对企业低碳创新扩散速度的影响[177]。Fan等（2017）通过构建小世界网络环境下政府和企业间演化博弈模型，分析了低碳补贴对协同创新效率的影响[178]。Zhang等（2019）基于复杂网络演化博弈理论，分析创新补贴、环境税、碳交易市场三种不同低碳政策条件对制造业企业绿色技术扩散的影响[179]。Wang

等（2019）建立了复杂网络环境下企业低碳扩散演化博弈模型，并仿真分析了网络平均度、度分布以及消费者环保意识变化在低碳扩散中的作用，结果表明加强企业之间联系，提高消费者环保意识有助于企业低碳扩散[180]。刘冰（2019）构建了制造业低碳创新网络中产学研低碳创新演化博弈模型，并仿真模拟了低碳创新网络形成过程中各主体的决策演化过程[181]。随着研究的深入，学者开始对低碳创新网络中主体之间协同创新的稳定性展开研究，如Zhao等（2019）建立了由低碳创新平台、低碳企业、普通企业三方组成的生产能力共享演化博弈模型，利用数值仿真方法，分析了低碳生产能力变化对系统稳定性的影响[182]。Zhou等（2021）认为低碳技术协同创新是产业集群实现低碳转型升级的重要途径，仿真分析发现建立有效的惩罚机制可以避免搭便车现象的出现，提升企业间协同合作的稳定性[183]。Chen等（2022）认为企业采用技术创新是应对气候变化，实现低碳经济发展的重要手段。构建了由政府、企业以及公众组成的多主体协同创新演化博弈模型，仿真分析了污染税、低碳技术创新补贴以及环保宣传引导激励三种环境规制手段对企业低碳技术创新行为决策的影响[184]。

三、国内外研究现状评述

通过文献的梳理和总结可以发现，目前国内外研究者在低碳创新、创新网络、协同创新等方面，已经进行了广泛的研究，取得了丰富的研究成果，为本文深入研究提供了理论基础和方法借鉴，但仍然存在一些不足，具体表现在以下几个方面：

（1）当前国内外对创新网络的相关研究成果较为丰富，但将低碳创新理念融入创新网络的研究有待探索。国内外学者主要从创新网络的结构特征与作用、创新网络的演化等角度对创新网络进行分析，多关注网络中知识、技术、信息的流动问题，以及利用定性分析方法探讨网络结构对创新绩效的影响。大部分的研究都集中于企业创新网络、区域创新网络概念、构成要素等相关问题，而将低碳创新与创新网络相结合的研究相对较少，未来还需要在该领域进行大量探索工作。

（2）在协同创新机制方面的成果较多且分散，缺乏系统性。在协同创新研究方面，国内外现有文献关于协同创新的研究大多关注其内涵、运作过程以及其风险控制、政策激励、知识流动等单一视角，探索协同创新的某一个机制问题，研究相对分散。而协同创新是一项由多个创新主体协同合作、多种创新要素相互作用的复杂过程，运用系统论理论、协同创新理论、系统动力学理论等复杂性科学研究理论、技术与方法，对协同创新机制进行系统性研究，具有较大的研究潜力。

（3）对低碳创新网络中主体要素的考虑相对较少，有待进一步拓宽创新主体的研究范围。现有基于低碳创新网络的协同创新机制的实证研究中，大部分研究多集中于政产学研中的单一主体或两个主体，研究内容主要涉及低碳协同创新模式、效率评价等相关问题，并取得了较为丰富的研究成果，但是对低碳创新网络中多主体要素考虑不够，揭示低碳创新网络多主体协同创新机制的程度相对较低。

第三节 研究内容与研究方法

一、研究内容

全书分七部分逐步展开，具体内容如下。

第一部分为绪论。本章首先对本书的研究背景和研究意义进行分析，然后在对国内外相关文献进行梳理的基础上，总结出现有研究中的不足，确定本书的研究内容以及研究方法。

第二部分为相关概念及理论基础。本章主要对低碳创新网络相关概念进行阐述，包括低碳创新、创新网络以及低碳创新网络；通过对三螺旋理论、协同创新理论、系统论理论的发展进程进行梳理，对系统动力学理论和演化博弈理论的相关概念和实用性进行阐释，构建出本文的理论分析框架。

第三部分为低碳创新网络多主体协同创新机制构建。本章首先对低碳创新网络中的多主体进行分析，包括核心主体和支撑主体，对低碳创新网络多主体互动关系进行分析。然后，从内部动力以及外部动力两个角度，对低碳创新网络多主体协同创新动力进行论述。最后，建立出由知识转移机制、决策机制、评价机制构成的低碳创新网络多主体协同创新机制，并分析了不同机制之间的关系。

第四部分为低碳创新网络多主体协同创新知识转移机制。本章主要运用系统动力学方法，构建低碳创新网络多主体协同创新中学研机构和企业之间正向和反向知识转移模型。然后对模型进行检验，采用Vensim PLE软件仿真分析知识转移行为、知识特性、知识转移情境、知识整合能力、消费者参与对低碳创新网络多主体协同创新知识转移的影响。

第五部分为低碳创新网络多主体协同创新决策机制。本章主要采用演化博弈理论，构建出政府、企业、学研机构三方低碳协同创新决策演化博弈模型，分析不同情形下三方演化稳定策略，采用MATLAB软件进行仿真，重点分析成本分摊系数、利益分配系数、政府激励参数变化、违约罚金参数变化对三方低碳协同创新决策演化结果的影响。

第六部分为低碳创新网络多主体协同创新评价机制。本章首先构建低碳创新网络多主体协同创新评价指标体系。其次，基于特殊函数构造出新的直觉模糊熵，并证明该熵的有效性，利用层次分析法–熵值法相结合的主客观赋权法计算各评价指标的权重。最后，利用直觉模糊综合评价法对京津冀、长三角、长江中游、珠三角和成渝5个典型区域的13个省（直辖市）低碳创新网络多主体协同创新进行评价及分析。

第七部分为低碳创新网络多主体协同创新促进策略。结合第3—6章研究结果，分别从核心主体、支撑主体、核心主体与支撑主体的互动关系角度，提出低碳创新网络多主体协同创新促进策略。

本书的技术路线如图1–1所示。

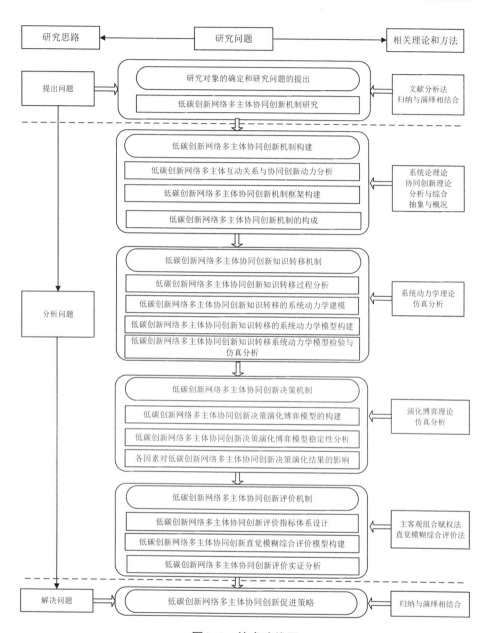

图1-1　技术路线图

二、研究方法

文献分析法。通过对本书涉及的国内外相关文献资料进行查阅、梳理、总结，发现现有研究取得的成果及存在的不足，提出低碳创新网络多主体协同创新机制研究的具体问题，划定研究范围，明确相关概念及理论，建立研究框架。

系统动力学建模与仿真分析。基于系统动力学理论，建立低碳创新网络多主体协同创新知识转移系统动力学模型，利用Vensim PLE软件仿真分析知识转移行为、知识特性、知识转移情境、知识整合能力、消费者参与五种因素对低碳创新网络多主体协同创新知识转移的影响。

演化博弈分析。利用演化博弈模型，构建低碳创新网络多主体协同创新决策演化博弈模型，对不同情形下多主体协同创新决策演化稳定策略进行分析，进一步采用MATLAB软件进行建模与数值仿真，具体考察成本分摊系数、利益分配系数、政府激励参数变化、违约罚金参数变化对低碳创新网络多主体协同创新决策演化结果的影响。

直觉模糊综合评价法。通过建立低碳创新网络多主体协同创新评价指标体系，利用层次分析法—熵值法相结合的主客观赋权法计算各评价指标权重，运用直觉模糊综合评价法对低碳创新网络多主体协同创新进行评价，为低碳创新网络多主体协同创新促进策略的提出提供依据。

第二章　相关概念及理论基础

本章主要介绍低碳创新网络多主体协同创新机制研究所涉及的相关概念及理论基础，是全书的概念基础和理论支撑。相关概念主要包括低碳创新、创新网络、低碳创新网络，相关理论主要包括三螺旋理论、协同创新理论、系统论理论、演化博弈理论、系统动力学理论。

第一节　相关概念

一、低碳创新

熊彼特最早在《经济发展理论》一书中指出，创新是对旧方法、旧技术的突破性、革命性的改革，创新是对生产要素和生产条件的重新组合，然后再投入生产体系中，最终促进经济发展。在创新的过程中主要是对产品、技术、市场、资源配置、组织进行创新。

人类社会和世界工业经济的高速发展，使得人们对煤和石油等化石燃料过度开采和使用，造成二氧化碳等温室气体的过度排放，导致全球气候变暖，给人们生活环境造成了严重的损害，更威胁着人们的身体健康，对社会正常运转造成了一定的危害。二氧化碳过度排放所带来的温室效应、人类健康等问题受到了世界各国政府和人民的关注。为此，以低能耗、低污染、低排放为特征的低碳经济，成为国内外社会讨论的焦点。

低碳经济最早出现在2003年英国政府的能源白皮书中。研究者认为低碳经济是基于可持续发展理念，通过技术创新、制度创新，减少能源消耗，减少温室气体排放，实现经济与环境可持续发展。在具体实践中，低碳经济将充分利用清洁能源，创造绿色环保概念，着重研究人类赖以生存发展的重点，将节能减排创新、重视可持续发展作为发展核心。低碳经济为提高人们日常生活环境和生活质量制定了新标准，为企业创造新的生产工艺、技术和开发新产品带来了契机。随着人们低碳、环保意识的提高，传统的高污染、高排放、高能耗的生产方式逐渐被淘汰，人们更加关心低碳创新是否对环境有益，是否能够应对恶劣的环境变化，是否能够实现经济可持续发展。

低碳创新是为应对气候变化，通过低碳产品、企业运作等方式上的创新，实现经济与环境互利共赢和可持续发展。企业进行低碳创新主要涉及低碳技术、低碳产品、低碳服务、低碳回收等多个方面[74]。低碳创新是现代经济发展过程中最重要的经济生产要素，增强低碳创新将有利于改善经济增长方式[4]。低碳创新不但存在于人们的日常生活、企业生产等活动中，而且贯穿于国家实施可持续发展战略方针制定和实施之中。通过低碳创新可以使生态环境得到有效保护，有利于实现绿色低碳发展。

二、创新网络

美国社会学家Ronald最早对网络与创新之间关系展开研究，认为信息在创新网络中的传递，有利于创新扩散[185]。Fombrum（1982）指出网络是由节点和节点之间相互联系形成的关系构成的[186]。Hakansson（1987）认为网络中的创新是所有主体相互作用下的结果[187]。之后，Freeman（1991）首次对创新网络内涵进行了阐释，认为创新网络是由企业之间相互合作关系构成的[27]。近年来，国内外学者主要从系统性、功能性、创新过程以及关系性视角阐述了创新网络的内涵。

第一种是基于系统性视角对创新网络进行定义，Cooke（1999）指出创新网络是企业、政府、大学等创新主体之间相互联系形成的创新系统[28]。盖文启（1999）认为创新网络是创新主体之间通过长期合作所形成的相对稳定的系统[106]。

第二种是基于功能性视角对创新网络进行定义，Gupta（2015）认为企业可以通过网络获得创新资源，进而提高其创新能力[60]。Jarillo（1988）认为创新网络的形成有助于减少企业间交易成本[188]；Crespo等（2014）指出创新网络能够使创新主体得到外部人力、物力、财力等创新资源[34]；Giusti等（2020）和苏加福等（2020）认为创新网络有利于促进知识在组织间的流动和组织间的学习，提高其获取知识的质量和效率，促进创新能力提升[37, 174]；Innocenti等（2020）认为创新网络的形成有利于提高创新主体创新产出和创新能力[33]。

第三种是基于创新过程视角对创新网络进行定义，顾伟男等（2019）认为创新网络中不同创新主体进行创新活动的过程即为结网互动的过程[118]。Najafi-Tavani等（2018）认为创新网络是企业与其他主体之间不断合作形成的互动关系，实现对不同层次信息的分析、处理和有效整合，形成资源共享、信息互补的过程[36]。

第四种是基于关系性视角对创新网络进行定义，李星等（2011）指出创新网络是由创新主体和创新主体之间相互联系形成的正式与非正式关系的总和[107]。鲁若愚等（2021）认为企业创新网络是企业与其他主体合作时建立的正式和非正式关系，在这些关系基础上形成了稳定的企业创新网络，创新主体之间通过创新网络进行合作与交流[113]。具体如表2-1所示。

表2-1 创新网络的内涵

观点	解释	代表性研究者
基于系统性视角的创新网络	主要从系统的整体性和创新主体的相互合作角度对创新网络进行定义，创新网络的形成更加注重网络的整体系统性	Cooke（1999）；盖文启（1999）
基于功能性视角的创新网络	主要强调创新网络对创新产出和创新能力产生的正面影响	Jarillo（1988）；Crespo等（2014）；Gupta（2015）；Giusti等（2020）；苏加福等（2020）；Innocenti等（2020）
基于创新过程视角的创新网络	强调创新网络中参与主体之间的互动，通过互动促进创新	顾伟男（2019）；Najafi-Tavani等（2018）
基于关系性视角的创新网络	创新网络中参与主体之间相互联系和互动形成的正式或者非正式网络关系	李星等（2011）；鲁若愚等（2021）

基于上述分析，本研究认为创新网络是不同主体以创新为目标，相互联系，建立起的网络组织。随着创新活动日益复杂，创新需要充足的人才、资金等创新资源的支持，而仅仅依靠企业或者组织自身很难拥有所有创新资源，需要与其他企业、学研机构等主体进行合作，对创新资源进行有效整合，实现创新。不同个体或者组织之间通过合作，形成创新网络开展创新活动显然已经成为时代的主流。创新主体通过创新网络建立有效联系进行协同合作，方便沟通、交流，减少创新主体进行创新时受到资源的限制，充分调动内外部创新资源，实现优势互补，可以有效提升主体创新成功概率，促进创新成果产生。

三、低碳创新网络

低碳创新网络作为一个新兴的研究领域，王晓岭等（2011）将低碳产业与创新网络理论相结合，认为低碳型产业创新网络是按照市场需求和政策引导，以低碳经济发展为目标，促进高碳产业向低碳产业转变，与低碳产业创新相关的政府、企业、学研机构等主体之间互动构成了动态立体网络[131]。陈文婕（2019）认为低碳汽车技术创新网络是企业以发展低碳经济、绿色低碳为目标，与其他企业或组织建立的低碳汽车技术创新合作关系[132]。徐建中研究团队认为低碳创新网络是企业、政府、学研机构、中介机构等创新主体之间为促进低碳创新发展，相互联系形成的低碳创新网络体系，通过网络进行低碳创新资源流动，形成资源互补、风险共担的协同效应[4, 133]。Dong等（2020）和刘冰（2019）认为低碳创新网络是指与低碳创新相关的政府、企业、学研机构、中介机构等主体之间合作形成的网络，低碳创新网络建立的目的是实现绿色效益和经济效益和谐发展[134, 181]。张广欣（2020）认为低碳创新网络是一种组织形式，主要由政府、企业、高校等主体在低碳创新过程中，形成的正式和非正式关系[128]。刘立菊（2021）认为低碳创新网络的研究可以分为区域低碳创新网络和企业低碳创新网络两个方向，区域低碳创新网络侧重于分析区域内不同创新主体的作用、相互关系以及知识流动、共享等问题，企业低碳创新网络侧重于以企业为核心，研究企业如何与其他主体合作，提高低碳创新绩效[129]。

综合以上观点，虽然不同学者对低碳创新网络的理解角度不同，但是对其本质的描述基本一致。低碳创新网络中的主体包括：企业、学研机构、政府、中介机构、金融机构以及用户。低碳创新网络中不同类别主体由于其具有各自不同的性质属性，发挥着不同作用，承担着不同功能。企业是低碳创新网络中低碳创新成果的转化者、技术创新的产出者、低碳创新产品的生产者；学研机构是大学和科研机构的统称，是低碳创新网络中的知识创造者。政府、中介机构、金融机构以及用户在低碳创新网络中主要发挥辅助、引导和监督的功能，其中，政府是低碳创新的组织者和领导者，为企业、学研机构、用户等创新主体提供政策指引、监督管理和创新补贴等，引导企业开展低碳创新活动，鼓励学研机构进行低碳创新研发工作；中介机构和金融机构是低碳创新网络中的服务主体，在低碳创新过程，中介机构可以为企业、学研机构等创新主体提供低碳市场信息、人员培训服务等，金融机构为低碳创新网络中创新主体提供资金支持；用户是低碳创新产品的购买者和最终使用者，为低碳创新提供了市场需求，从终端消费市场刺激企业、学研机构进行低碳创新研究，生产低碳创新产品。

低碳创新网络中各主体为进行低碳创新而相互合作，不同主体按照各自属性和特点，根据专业分工，发挥不同作用，形成优势互补，共同开展低碳创新工作，建立起正式和非正式关系，进行人力、物力、资金、信息、知识、技术等有形资源和无形资源的交流和互动。低碳创新网络发展的最终目标是促进低碳创新主体之间进行先进低碳理念、先进低碳技术和低碳知识流动，提升低碳创新网络中创新主体的协同创新效果，减少环境污染、降低生态环境危害，实现经济和环境协调发展。

第二节　相关理论

一、三螺旋理论

三螺旋概念最早形成于20世纪50年代生物学研究领域。之后，美国社会学家Etzkowitz和荷兰学者Leydesdorff提出在知识经济背景下，将政府、产业和大学三者交叉在一起，提出了三螺旋理论。该理论认为，在知识型社会中，政府、产业和大学在市场驱动下相互合作，形成三重螺旋关系，共同推动新知识和新技术创造，其核心价值在于强调三个主体在创新过程中打破传统边界，共同合作，彼此促进创新发展。

根据三螺旋理论，政府、产业和大学之间关系可以概括为以下三种模式，如图2-1所示：

第一种是国家干预模式。在该模式中，政府是核心主体，控制和影响着产业和大学的发展方向，而产业和大学两者是相互独立的。

第二种是自由放任模式。政府、产业和大学三者相互独立，彼此分离，主体之间缺乏沟通和合作。

第三种是互动与重叠模式。这种模式就是通常意义上的三重螺旋模式。政府、产业和大学之间彼此沟通，相互合作形成三重合作关系，一起带动经济增长和产业升级。三重螺旋模式能直接体现出政府、产业和大学三者之间相互合作关系，是三螺旋理论中的经典模式。

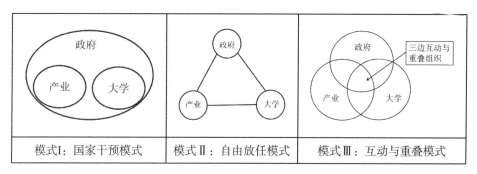

图2-1　三螺旋模型

三螺旋理论关注的重点是政府、产业和学研机构之间的合作关系，主体之间在合作中进行创新，在创新中深化合作，彼此配合，相互影响，不但发挥各自优势，还能形成合力，共同推动知识生产和科研转化，创造更多社会价值，实现批量经济收益。随着三螺旋理论的提出与发展，它在协同创新研究中得到了广泛的应用[146, 189]。

二、协同创新理论

（一）协同创新的内涵

协同创新理论最早由国外学者提出并不断完善。1965年，美国学者Ansoff首先提出了"协同"的概念[49]，20世纪70年代德国物理学家Haken正式提出了协同理论并建立了协同学[50]。之后，Gloor将"协同"与"创新"的概念进行整合形成了协同创新理论[51]，国外学者逐渐将协同创新理论应用于企业和行业领域，认为协同创新也可以称为产业集群创新。随着产业集群内涵的丰富，协同创新主体逐渐扩展到产业、学研机构、政府、中介机构等多个主体[190]。我国学者对于协同创新的研究开始于"三螺旋理论"，随着我国经济发展模式的转型，国家实施创新驱动发展战略的提出，"产学研合作创新"逐渐演化为"产学研协同创新"，形成了企业、大学、科研机构三个创新主体，在政府、中介机构、金融机构等主体的协同支持下，共同开展创新活动[144, 146]。

关于协同创新的研究，学者们最早是参照协同学中对协同内涵的界定，认为协同创新是共同开展创新工作，其主要观点是各主体分散的作用在联合的协同创新之后总效果优于单独的效果之和。随着学者们对协同创新的深入研究，国内外学者对于协同创新内涵的描述可以总结为四种，第一种是从协同要素角度对协同创新内涵进行刻画，陈光（2005）认为协同创新是通过核心要素和支撑要素协同作用，提高系统的协同度，实现整体协同效应[136]。郑刚（2015）认为协同创新是对技术、市场、组织等多种创新要素的整合，形成协同匹配[137]。

第二种是从参与协同的主体角度对协同创新进行阐述，陈劲等（2012）认为协同创新是由大学、企业、科研机构、政府、中介机构、金融机构等多种主体构成的，主体之间相互联系形成网络创新模式，产生非线性效用[138]。解学梅认为协同创新是企业、研究机构、大学等创新主体，通过相互交互、合作建立长期协作关系，形成的产业链、知识链、技术链以及价值链[144, 154]。Zhao等（2017）指出协同创新是企业、政府、研究机构、学校等主体，跨越组织边界，通过知识创新，增加协同创新绩效[145]。Vivona等（2022）认为来自不同部门的政府、企业、非营利组织、大学和社会团体等主体通过合作，能够开展更多的创新活动[54]。

第三种是从协同过程角度对协同创新内涵进行描述，Koschatzky（2002）认为协同创新的关键是知识在创新主体之间进行转移、吸收、消化、共享、利用以及再创造[52]。吴悦等（2020）认为协同创新过程是由知识共享向知识创造和知识优势递进演化的过程[148]。Yin等（2021）认为绿色技术协同创新是一个从知识创造到产品推广的过程[149]。Wu等（2022）指出绿色协同创新是一个复杂过程，涉及多个学科、多个主体，参与主体通过交流与合作，最终实现效率提升和价值增长的效果[150]。

第四种是从系统整合角度对协同创新内涵进行描述，许庆瑞等（2006）提出了全面协同创新理论，认为协同创新是对全要素、全员、全时空的创新，以实现"2+2>5"的协同效应[139]。Serrano等（2007）认为协同创新是创新主体对知识、资源的整合，实现知识共享、资源配置优化[56]。Ma等（2022）认为协同创新是创新主体间资源整合的过程[140]。具体如表2-2所示。

国内外学者从协同要素、协同主体、协同过程以及系统整合的不同方面对协同创新的内涵进行了阐述，本文在综合上述四种研究视角的基础上，认为协同创新是政府、企业、学研机构、中介机构、金融机构以及用户等创新主体，通过合作、交流，发挥各自优势，最终实现资源互补、利益共享、风险共担、知识增值，提高创新主体创新效率的过程。

表2-2　协同创新的内涵

观点	解释	代表性研究者
基于协同要素视角的协同创新	协同创新是通过技术、市场、战略、组织、资源、管理、文化、制度等创新要素的匹配与整合，形成创新的活动的过程	陈光（2005）；郑刚（2015）
基于协同主体视角的协同创新	协同创新是政府、企业、学研机构、中介机构等创新主体，结合自身特点和功能进行知识创新的过程	陈劲等（2012）；解学梅（2013）；Zhao等（2017）；Vivona等（2022）

观点	解释	代表性研究者
基于协同过程视角的协同创新	协同创新是创新主体在创新过程中通过合作、交流等方式实现知识、技术、信息的共享，从而提升创新主体的创新效率	Koschatzky（2002）；吴悦（2020）；Yin等（2021）；Wu等（2022）
基于系统整合视角的协同创新	协同创新是对各类创新要素的有机组合与全面系统创新，通过有效的管理手段与方法，对全要素、全时空、全员进行创新，实现全面协同的过程	许庆瑞等（2006）；Serrano（2007）；Ma等（2022）

（二）协同创新的特点

本文在现有研究基础上，发现协同创新具有整体性、动态性、层次性、耗散性、协作性和复杂性6个特点[137-139]。

（1）整体性。协同创新过程中的任何个体都不是单独存在的，是按照一个共同的目标，将创新主体和创新要素进行有机整合，并不是将其简单相加，而是参与协同创新的主体之间打破知识壁垒和个体边界，在互惠共赢的基础上，使不同主体之间进行物质、技术、信息等多种资源共享，优势互补，共同抵御外界风险，促进创新发展。

（2）动态性。协同创新过程中创新主体和创新要素会随着时间、市场经济情况、主体创新意愿等因素的改变而发生变化，使得协同创新一直处于一个动态演化的过程中。政府、企业、学研机构等创新主体在不同时期和环境下，会按照自身的需求选择协同合作对象，通过不断创新发展，提升创新能力，获得更多的竞争优势和收益。

（3）层次性。协同创新系统中包含多个层次，各层次的性质、发展规律、遵循的准则各不相同，不同层次之间彼此联系，相互作用。

（4）耗散性。创新主体在进行创新时会消耗掉自身的资金、人力等有效资源，与其他主体协同创新时，也会进行知识、技术、资金和物质互换，吸收外部资源，补充、更新自身创新资源。

（5）协作性。协同创新不是单个主体的内部创新行为，需要打破不同主体或者组织的边界，消除不同知识背景和研究领域的隔阂，去获得、吸收外部的异质性创新资源。因此，协同创新需要政府、企业、学研机构等多个不同参与主体之间突破束缚，相互合作、共同配合，激发协同创新效应。

（6）复杂性。协同创新涉及的创新主体和创新要素较为复杂，由于不同主体在知识背景、涉及领域等方面存在差异，导致各主体之间以及其所拥有的创新资源和要素等存在较大差异，使得协同创新呈现出具有复杂性的特点。

三、系统论理论

系统最初出现于古希腊语，指由部分构成了整体。1932年，理论生物学家Bertalanffy提出了系统论的思想，后来在《一般系统理论基础、发展和应用》中明确提出了系统论理论。

Bertalanffy认为，系统论的主要思想认为系统是由若干要素形成的综合体。系统中各要素是相互关联的，不是孤立存在的。系统中要素之间相互合作所产生的功能将大于各要素叠加之和，即常说的"1+1>2"，表现出了系统的整体性。目前国内外学者普遍认为，系统是由若干要素按照一定结构，连接形成的具有一定功能的有机整体[191]，涉及系统、要素、结构、功能四个方面，反映了要素与要素、要素与系统、系统与环境的关系。

系统无处不在，低碳创新网络可以看作一个复杂系统，低碳创新网络的基本要素分为低碳创新主体、低碳创新活动和低碳创新资源。其中，低碳创新主体包括企业、学研机构、政府、中介机构、金融机构等；低碳创新活动指低碳创新主体内部及主体之间进行低碳创新知识、技术、信息的传递活动等；低碳创新资源包括低碳创新知识、技术、人力资源等相关资源，这些资源被企业、学研机构、政府等低碳创新主体所掌握。低碳创新网络中主体之间通过协同合作形成网络连接，使得低碳创新知识、技术、信息等低碳创新资源在主体之间传递，以实现低碳创新，低碳创新主体、低碳创新资源和低碳创新活动构成了一个有机的系统。在低碳创新网络中企业是低碳创新的需求者；学研机构是低碳创新知识和技术的主要提供者，是低碳创新知识、技术的主要来源；政府是低碳创新活动的引导者和推动者，通过制定低碳创新政策，创造良好的低碳创新环境；中介机构和金融机构作为服务性机构，为低碳创新主体顺利开展低碳创新提供咨询、资金服务支持。

四、系统动力学理论

（一）系统动力学的内涵

Forrester教授最先创立了系统动力学理论。该理论融合了系统论、决策论、信息论、控制论等多学科研究成果，通常会借助计算机仿真技术，模拟复杂系统运行过程和演化规律，分析系统变量之间关系等。

系统动力学是从系统的角度，对现代社会经济发展中的问题进行定性与定量分析的方法。对现实问题进行系统化、抽象化处理后，建立因果关系和系统流图，进行参数赋值，仿真分析系统中变量间关系，根据仿真结果，对现实系统进行分析、预测。

（二）系统动力学建模过程

在建立系统动力学模型时，首先按照系统动力学原理，对现实系统进行定性分析，然后确定研究问题，建立概念建模和定量模型相结合的系统动力学模型，具体过程如图2-2所示。

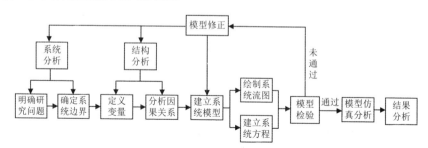

图2-2　系统动力学建模步骤

系统动力学分析时常用因果关系图和存量流量图，作为系统构建和模拟的辅助工具。

（1）因果关系图。因果关系图是借助图的形式来绘制系统中变量之间的反馈关系，又称因果反馈图，是系统动力学模型的逻辑框架。因果关系图是由变量、因果链、因果关系回路构成的。变量一般是指系统中的各种因素；因果链是指系统中变量之间的反馈关系，存在正、负的区别；而因果关系回路是由不同因果链相互作用构成的反馈环，分为正反馈回路和负反馈回路。如图2-3所示。

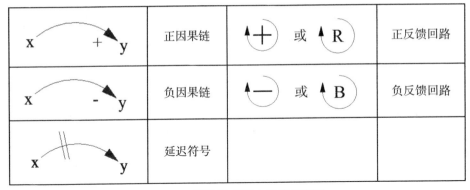

图2-3　因果关系图中的表示符号

（2）存量流量图。存量流量图可以更加清晰地区分变量类型，通过数学的关系来表达变量之间的关系。存量流量图一般包括状态变量和速率变量，速率变量的流入和流出之差便形成了状态变量。如图2-4所示。

图2-4　存量流量图中的表示符号

（三）系统动力学适用性分析

系统动力学是一种计算机模拟工具，能够描述系统内各因素之间的因果关系、相互作用和动态变化，被广泛地用于研究具有复杂性、非线性的复杂系统问题。因此，本文运用系统动力学理论对"低碳创新网络多主体协同创新知识转移机制"进行研究。具体体现在以下几个方面：

第一，系统动力学可以反映低碳创新网络多主体协同创新知识转移的复杂性。低碳创新网络多主体协同创新知识转移过程涉及企业、学研机构等多个低碳创新主体，知识转移过程中受知识特性、转移情境、消费者参与等多种因素影响，各因素之间相互交错，具有一定的复杂性。而通过系统动力学建模，能够厘清系统内部系统构成及系统中变量之间的因果关系。所以，系统动力学符合低碳创新网络多主体协同创新知识转移的特征，能够清晰地反映出低碳创新网络多主体协同创新知识转移的复杂性。

第二，低碳创新网络多主体协同创新知识转移过程是一种非线性过程，系统动力学对数据要求不高，可以按照系统中各变量之间的因果关系，模拟出低碳创新网络多主体协同创新知识转移过程，并比较不同因素变化对低碳创新网络多主体协同创新知识转移的影响，能够解决普通数学不易描述的非线性问题。

第三，系统动力学有助于在数据资料难以获得的情况下开展定量研究。由于低碳创新网络多主体协同创新知识转移所涉及的一些数据资料难以收集，而系统动力学是以研究系统内各因素之间的因果关系为核心，适用于研究数据难以获取、参数难以量化的低碳创新网络多主体协同创新知识转移问题。系统动力学为低碳创新网络多主体协同创新知识转移的建模、影响因素的分析提供了重要的研究思路和工具。

五、演化博弈理论

演化博弈理论是由传统博弈理论发展而来，最早由Smith和Price于20世纪70年代提出，他们把达尔文的"适者生存"自然选择的思想融合于博弈理论的研究中，提出了演化博弈理论。传统博弈理论认为，博弈主体均是完全理性的，是在完全信息条件下进行的，但这两个条件在现实生活中是不容易实现的[128]。演化博弈理论弥补了传统博弈理论的不足，假设演化博弈是在有限理性和不完全信息条件下进行的，将博弈理论与动态演化相结合。因此，演化博弈理论更加接近于现实情况，可以对事物的动态变化过程进行分析和解释。近年来，学者们经常使用演化博弈理论研究经济、管理等领域问题。

通常情况，演化博弈理论具备以下特点：

（1）参与主体是有限理性的，需经过长期的模仿以及所处环境中不同因素的影响；

（2）演化博弈参与者可以来自群体内部，也可以来自群体间；

（3）演化博弈是一个动态的过程，在博弈中不断优化，最终到达稳定状态，该稳定状态受演化路径和初始状态的影响；

（4）在演化博弈过程中，各参与主体为实现自身利益最大化，会不断调整其策略选择。

演化博弈理论主要包括两个基本概念，复制动态和演化稳定策略（ESS）。

（1）复制动态。在有限理性博弈主体构成的群体中，结果比平均水平好的策略会慢慢地被更多主体选择，最后选择各种策略的博弈主体的比例会改变。这一过程可以用动态微分方程来表示，具体如下：

$$\frac{dx_i}{dt} = x_i(u_{s_i} - \bar{u}) \qquad\qquad （2-1）$$

式中，x_i代表演化博弈过程中，参与博弈主体选择策略S_i的概率；u_{s_i}代表选择策略S_i的期望收益；$\bar{u}$代表平均期望收益。

（2）演化稳定策略。在演化博弈模型中的系统演化稳定策略的稳定点是均衡演化策略。当偶然因素使得博弈偏离稳定点时，复制动态会使其恢复到稳定点，即当干扰因素使得$x < x^*$时，$\frac{dx}{dt} > 0$；当干扰因素使得$x > x^*$时，$\frac{dx}{dt} < 0$，此时满足演化稳定状态条件。

演化博弈理论是基于有限理性和不完全信息条件提出的，比较符合现实经济社会发展情况，因此，本文将演化博弈理论应用于"低碳创新网络多主体协同创新决策机制"研究中，在低碳创新网络多主体协同创新决策研究方面，演化博弈理论符合实际，具有较好的优势。由于低碳创新网络多主体协同创新参与主体不是完全理性的，主体的行为决策会受到其他主体、环境等因素的影响，并且参与主体也会通过不断学习和模仿来调整各自的行为策略，实现其利益最大化。因此，本研究运用演化博弈理论，构建出由政府、企业和学研机构组成的低碳协同创新决策演化博弈模型，分析博弈系统的稳定性和演化趋势，以及不同因素变化对低碳创新网络多主体协同创新决策演化结果的影响。

第三节　本章小结

　　本章主要针对本书涉及的相关概念及理论进行详细的分析和阐述。首先，明确了低碳创新、创新网络、低碳创新网络概念；其次，分析了三螺旋理论、协同创新理论、系统论理论的发展进程；再次，对系统动力学理论进行了概述，总结了系统动力学建模的主要步骤，分析了系统动力学的适用性；最后，对演化博弈理论的起源、发展等进行了概述，并对演化博弈理论中复制动态和演化稳定策略的概念进行了阐述。本章内容为下文研究工作提供了理论基础。

第三章 低碳创新网络多主体协同创新机制构建

低碳创新网络是一个由多个主体及其相互关系构成的复杂系统，本章基于三螺旋理论和协同创新理论，对低碳创新网络中多主体进行分析，探索低碳创新网络多主体之间的互动关系与协同创新的动力。结合系统论理论，构建低碳创新网络多主体协同创新机制框架，并对低碳创新网络多主体协同创新机制的构成进行分析。

第一节 低碳创新网络多主体互动关系与协同创新动力分析

一、低碳创新网络中的多主体分析

随着全球低碳创新的快速发展，单一主体的创新已难以满足社会资源的有效利用和创新能力提升的需求，多主体协同创新已逐渐成为低碳创新的主要创新模式[3]。低碳创新网络中的主体之间通过相互合作，进行低碳创新资源互补，共担风险，形成协同效应，提高低碳创新效率。促进低碳协同创新发展需要明确低碳创新网络中主体承担的角色和任务，明确主体之间的关系。

结合三螺旋理论和协同创新理论对协同创新内涵的分析，参考相关研究[192, 193]，本文认为低碳创新网络多主体协同创新是指低碳创新网络中企业、学研机构、政府、中介机构、金融机构、用户等多元主体之间进行协同合作，整合各方资源优势，开展低碳知识、技术创新以及低碳创新成果转化，实现经济和环境可持续发展的低碳创新活动。低碳创新网络中学研机构和企业是低碳技术创新、知识创新和人才培养的主体，是低碳创新的直接实施者，学研机构因持有低碳创新知识资源，所以是协同创新组织的知识输出方；企业是低碳技术孵化和知识应用的承担者；企业和学研机构是低碳创新网络中的核心主体；政府、中介机构、金融机构、用户分别作为低碳创新政策引导者、协作配合者、低碳创新成果转化的使用者，是不可或缺的支撑主体。

（一）低碳创新网络中的核心主体

1. 企业

企业是低碳创新网络中进行低碳创新的主力，以营利为目的进行低碳创新产品研发和生产，为社会提供低碳创新服务，在低碳创新网络中发挥重要作用。企业直接面向市场，能够快速掌握市场信息，准确获得消费者需求信息，然后在满足消费者的不同需求和自身获利基础上进行低碳创新和生产。企业是低碳创新与生产的载体，可以将低碳创新创意、想法转化为低碳创新产品，对低碳创新相关成果进行转化、应用、推广和改进。企业通过落实低碳创新相关政策，开展低碳创新活动，可以有效推动社会低碳创新发展，实现创新主体价值增长。

2. 学研机构

学研机构主要由大学和科研机构构成，是低碳创新网络的知识提供者，也是科技创新的产出者。学研机构作为各类创新活动的基础，利用基础研究优势，为低碳创新网络中低碳创新活动提供知识基础和理论指导，也承担着低碳创新人才培养和科技创新的重要任务，是推动低碳创新发展的动力源泉。学研机构拥有良好的低碳创新基础设施和知识资源，能够为企业提供低碳创新技术支持。同时，学研机构拥有高水平低碳创新研发团队和优秀人才，可以为企业和社会提供大量人才，为低碳创新提供智力保障，推动低碳创新发展。学研机构也可以为其他创新主体提供低碳创新参考建议，助力创新主体低碳创新，促进低碳创新网络可持续发展。

（二）低碳创新网络中的支撑主体

1. 政府

政府在低碳创新网络中主要是通过制定和实施低碳创新相关战略规划、政策法规、监管制度，引导、激励、协调、监督各创新主体顺利开展低碳创新活动，是低碳创新的倡导者和监督者。政府通过制定、出台有利于促进低碳创新的政策法规，为低碳创新网络中各创新主体开展低碳创新活动营造良好的政策环境，引导和扶持企业、学研机构等创新主体开展低碳创新研发和生产活动，促进低碳创新成果转化、产出。政府可以通过为企业提供碳税优惠政策、为学研机构提供低碳创新科研奖励、研发资金支持等激励政策和手段，鼓励创新主体进行低碳创新活动，提高创新主体参与低碳创新活动的积极性。另外，政府可以通过建立低碳创新政策咨询平台、低碳技术创新咨询平台等，方便创新主体了解和掌握低碳创新信息，推动低碳创新发展。

2. 中介机构

中介机构属于服务创新主体，拥有大量的人力资源与信息资源，可以为创新主体提供专业低碳创新技术培训、信息咨询、人才培养等中介服务。同时，通过建立技术转移中心、科技咨询与评估机构、产业孵化器、技术交易中心等为低碳创新网络中创新主体间建立沟通、服务平台，方便创新主体之间信息交流，可以有效促进知识与技术转移、扩散，提高创新成果转化和应用，是低碳创新网络中协同创新主体之间合作与信息交流的重要载体和桥梁。专业的中介机构有利于促进创新主体间形成联系，促进供给与需求之间形成匹配，减少低碳创新网络中多主体协同创新成本，提高协同创新效率。

3. 金融机构

金融机构是低碳创新网络中另一个重要的服务创新主体，是我国金融体系的重要构成部分，是推动低碳创新网络发展的重要资金供给者，可以为企业、学研机构等创新主体提供低碳创新资金服务，为低碳创新成果转化提供有益保障，降低协同创新合作过程中资金缺少的风险，在低碳创新网络中发挥着有益的辅助作用。低碳创新网络中的金融机构包括银行、证券公司、基金管理公司、保险公司、信托投资公司等，可以根据企业、学研机构等创新主体发展需要，以流动资金贷款、普惠金融贷款、信用贷款等多种形式，为创新主体提供充足的资金保障。金融机构也可以为进行低碳创新的主体制定和提供多种多样的金融服务，为低碳创新活动提供资金支持，保证低碳创新可持续发展，同时也可以优化自身业务结构、增加金融机构盈利方式、提高社会影响力。

4. 用户

用户通常指消费者，是低碳创新网络中低碳创新产品和服务的需求者和最终使用者，也是低碳创新的监督者，为企业、学研机构进行低碳创新指明了努力方向。用户根据自身对低碳创新产品的需求，向低碳创新产品研发和生产者发送需求信息，拉动企业、学研机构开展低碳创新活动，然后企业、学研机构等创新主体根据用户反馈的信息，改进低碳创新产品，满足消费需求。用户作为低碳创新产品的最终使用者，使低碳创新活动产生经济效益，也体现了低碳创新的价值所在，从自身需求角度出发，推动低碳创新进行。用户在产生需求信息的同时，也可以参与到低碳创新过程中，与企业、学研机构共同合作，将低碳创意、自身需求融入产品研发、设计、生产中，提升低碳创新产品的实用性和针对性。

二、低碳创新网络多主体互动关系分析

低碳创新网络多主体协同创新是一个复杂的、由多个主体参与的协作过程，创新主体之间协同合作离不开低碳创新资源支持，核心主体之间、支撑主体与核心主体之间不断地发生着低碳创新人才、资金、技术、信息、知识以及低碳创新成果的交流、互动。明确低碳创新网络多主体之间的互动关系，能够更加科学、合理地进行低碳创新资源配置，发挥低碳创新网络中各主体优势，促进低碳创新网络多主体协同创新发展。低碳创新网络多主体互动关系模型，如图3-1所示。

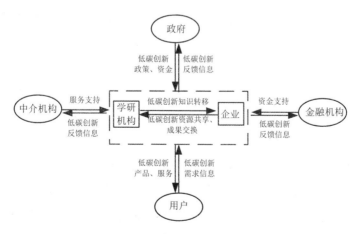

图3-1　低碳创新网络多主体互动关系模型

（一）核心主体间互动关系

在低碳创新网络中，企业和学研机构是低碳创新网络多主体协同创新的核心构成部分。从企业角度看，学研机构可以为企业提供大量低碳创新的专业知识、基础设施、前沿技术以及高水平人力资源，通过知识转移的方式将低碳创新知识转移给企业，为企业产生新知识、新技术、新发现，并提供智力支持，促进低碳创新资源共享，学研机构在增强低碳知识创造能力的同时，也可以提高企业低碳创新竞争力；从学研机构角度看，企业可以为研究者提供低碳创新活动资金、平台、市场信息等，保证低碳创新研发活动顺利进行，促进学研机构研究人员与市场接轨，获得市场信息，探索新的、有价值的、符合市场需求的低碳创新研究方向，为低碳创新研发提供更多的低碳创新思路，促进学研机构低碳创新发展，提高低碳创新成果转化效率，同时企业也能给予研究人员锻炼和实践机会，加快低碳创新成果商业化，推动低碳创新学术成果应用。

（二）支撑主体与核心主体间互动关系

1. 政府与核心主体间互动

低碳创新网络中，政府通过制定和发布低碳创新相关政策和文件，引导和激励企业和学研机构进行低碳创新。在政府、企业和学研机构协同创新过程中，政府通过制定相关制度促进低碳创新网络中创新主体合作；采取宏观调控措施，制定低碳创新政策，颁布反垄断、反污染的相关法律法规，为企业营造良好的低碳创新市场环境，引导企业积极开展低碳创新活动；学研机构和企业通过与政府互动，可以获得政府低碳创新政策支持、科研资金奖励，降低低碳创新成本，提高学研机构、企业开展低碳创新研发的积极性。政府在低碳创新网络中可以为企业和学研机构提供低碳创新交流、政策咨询等平台，也可以利用政策和制度约束创新主体行为，协调创新主体之间的关系，使企业和学研机构之间能够更有效地、和睦地开展低碳创新合作。

2. 中介机构与核心主体间互动

低碳创新网络中的中介机构是介于政府与企业、学研机构之间的创新主体，在创新主体之间建立起信息沟通桥梁，起到连接和黏合不同创新主体的作用。中介机构可以为企业、学研机构提供低碳创新人力资源、专业信息咨询等中介服务，解决企业和学研机构在低碳创新过程中面临的人才需求、信息匹配等方面的问题，同时自身获取经济收益。中介机构不仅可以帮助企业寻找符合其需求的低碳创新人才和信息，也可以帮助学研机构分析企业和市场的低碳创新需求，提高创新主体间协同创新效率和效果。中介机构可以与政府合作，共同建设低碳协同创新人才服务中心、咨询服务平台，为企业和学研机构提供中介服务。中介机构在低碳协同创新不同阶段也可以提供不同服务，在低碳协同创新初期，可以为企业、学研机构提供低碳创新信息咨询、项目开发、技术培训、市场分析、产品生产等服务；在低碳协同创新后期，可以为企业、学研机构提供专利申报、成果转化与推广等服务。

3. 金融机构与核心主体间互动

低碳创新网络中，核心主体进行低碳创新是一个高投入、高风险的活动，从低碳创新技术研发阶段到低碳创新成果转化阶段都需要大量的资金投入，在低碳创新任何阶段如果资金缺乏，将导致低碳创新活动不能顺利继续，甚至中断。金融机构的参与，可以为低碳创新网络中的核心主体提供低碳创新研发经费保障和风险管理，既可以有效降低、缓解企业、学研机构进行低碳创新的资金压力，也可以帮助企业识别、监控低碳创新过程中存在的市场风险、信用风险、操作风险等。此外，金融机构还可以为企业、学研机构提供金融资产规划建议，提升金融资产价值。

4. 用户与核心主体间互动

在低碳创新网络中，用户通常指最终的消费者，是低碳创新产品的体验者，企业和学研机构与用户进行互动可以加强彼此间真实需求的了解，为企业和学研机构进行低碳创新提供研究方向。用户环保意识的增强，对低碳创新产品的偏好和需求，影响着企业开展低碳创新和生产低碳创新产品的进程。用户的环保意识的增强，也对企业和学研机构产生一定监管作用，促进企业和学研机构积极开展低碳创新研发，选择低碳技术创新和生产。用户参与到低碳创新网络协同创新中，为企业、学研机构开展低碳创新研发、生产活动提供参考建议。用户将需求信息、产品体验以及使用过程中出现的问题直接反馈给研发机构和生产者，使低碳创新产品设计、生产工艺以及功能使用更加完善，用户与企业、学研机构等主体之间合作、互动关系更加紧密，可以有效提高企业、学研机构的研发和生产效率，促进低碳创新网络多主体协同创新发展。

三、低碳创新网络多主体协同创新动力分析

低碳创新网络多主体协同创新是企业、学研机构、政府、中介机构、金融机构、用户等多个主体协同开展低碳创新活动的组织形式，创新主体进行有效沟通、协作，充分发挥各自优势，通过协同互动、资源整合、优势互补形成整体合力，最终产生协同效应。协同创新动力是低碳创新网络中主体进行协同行为的重要因素。陈劲等（2012）认为科技、市场、文化是协同创新的主要动力[194]。侯二秀等（2015）通过对现有文献回顾，指出利润、企业家精神、资金、信息、政策等是企业进行协同创新的重要动力因素[195]。蔡启明等（2017）将协同创新的动力分为内部动力和外部动力，其中内部动力来自利益、战略、内部激励以及创新保障，外部动力来自政府、市场、竞争以及技术[196]。孟凡生等（2023）指出企业信誉、企业文化、政府补贴是企业协同的动力[197]。

系统论理论认为，系统功能的实现不是要素功能的简单叠加，而是系统内部要素和外部环境相互作用的结果。基于上述分析，本研究认为低碳创新网络多主体协同创新的动力可以从内部动力和外部动力两个角度进行分析，内部动力是推动创新主体进行低碳协同创新的根本动力，主要包括利益驱动、战略引导、低碳创新资源互补以及低碳创新能力；低碳创新网络多主体协同创新的外部动力指创新主体之外的拉动力量，主要包括低碳市场需求、国家政策、科技进步以及低碳市场竞争。通过内部动力和外部动力共同作用，可以刺激、调动创新主体进行低碳协同创新的积极性，促进低碳创新网络多主体进行协同创新。低碳创新网络多主体协同创新动力要素，如图3-2所示。

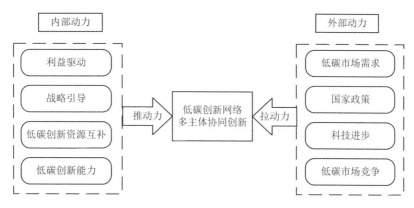

图3-2　低碳创新网络多主体协同创新动力要素

（一）内部动力分析

1. 利益驱动

在低碳创新网络中，各创新主体参与协同创新的首要因素是考虑其能否在投入较低成本条件下，获得较高利润，即创新主体对利润的追求是其参与协同创新的最根本的内在动力。低碳创新网络中不同主体追求的价值和目标有所不同，但对利益的追求是所有主体的共性。在低碳创新过程中，企业可能由于自身低碳创新资源和低碳技术创新能力有限，通过与学研机构、中介机构等创新主体进行协同创新弥补自身不足，提高其低碳创新能力；学研机构可能由于科研经费不足，通过与企业、金融机构等创新主体合作，获得经费支持进行研发，实现科技成果转化，获得研发利润；政府作为经济社会发展的宏观管理者，追求的往往是社会总体长远利益，通过参与或者促进企业、学研机构等主体协同创新，促进地区低碳创新发展；中介机构和金融机构往往会因追求经济收益参与到低碳协同创新中，通过与其他主体合作，获得经济利益；用户参与到低碳协同创新中可以实现自身对低碳创新产品、服务等个人利益的需求。由此可见，低碳创新网络中创新主体对利益的追求是协同创新的内部动力因素之一。

2. 战略引导

市场对低碳技术创新和低碳创新产品的需求，促使低碳创新网络中企业、学研机构等创新主体开展低碳创新研发与生产，此时，企业和学研机构等创新主体在共同的低碳创新战略目标引导下，为了实现目标利益，产生合作创新意愿，共同合作进行低碳创新研发、产品生产等活动。低碳创新网络中学研机构是低碳创新的知识和技术的提供者，企业是低碳技术创新的主力，可以给予低碳创新资金保障、市场需求信息等，能够将低碳创新产品生产、制造出来，并产生经济效益。企业、学研机构等创新主体在共同的低碳创新战略发展目标引导下，协同合作开展低碳技术和产品的研究、生产等工作，最终实现低碳创新成果转化，投入市场，实现商业价值。共同的战略发展目标一旦形成，能够将单一主体的低碳创新行为引导到多主体协同创新中，促进低碳创新网络多主体协同创新形成。

3. 低碳创新资源互补

低碳创新过程中，学研机构需要充足的财力供给，企业需要创新人才和先进技术支持，而通过协同合作，学研机构、中介机构等创新主体可以为企业提供低碳创新知识资源、人力资源以及研发设备，企业、金融机构等创新主体可以为学研机构提供低碳创新研发资金以及商业资源等，促进低碳创新产生和科技成果转化。因此，创新主体之间通过协同合作，有利于形成低碳创新人力、研发资金、基础设施等资源互补，增加各自收益，最终实现协同效应，提高低碳创新网络多主体进行协同创新积极性。

4. 低碳创新能力

低碳创新能力是在低碳创新过程中，创新主体通过对自身所掌握的人力、物力、财力等各种要素的有效利用，获取低碳创新利益的能力。在低碳创新网络中多主体进行协同创新前，需要评估各创新主体的低碳创新能力，综合分析创新成功的可能性以及不足之处，再决定是否进行合作。例如，在低碳创新网络中，学研机构所拥有的低碳创新能力越强，越有利于低碳技术和创新成果产生，企业创新成果转化能力越强，对低碳创新形成保障，越有利于低碳创新成果转化。因此，创新主体的低碳创新能力越强，越有助于增加创新主体进行低碳协同创新成功的信念，提高创新主体之间产生合作意愿，调动低碳创新网络多主体协同创新积极性。

（二）外部动力分析

1. 低碳市场需求

市场对低碳创新产品和服务的需求是低碳创新网络形成的动力源泉，市场对低碳创新产品和服务有需求才能形成有效供给。低碳创新网络多主体协同创新往往是以满足市场需求为出发点，市场对低碳产品的需求是促进创新主体开展低碳创新活动的重要力量，开发和生产低碳创新产品需要低碳创新知识、技术、资金等支持，而单纯依靠企业、学研机构自身力量往往无法完成低碳创新产品和服务的研发、生产工作，因此需要与政府、中介机构、金融机构等创新主体合作，共同进行低碳创新。

2. 国家政策

2022年，科技部、国家发展改革委等九部门联合印发《科技支撑碳达峰碳中和实施方案（2022—2030年）》中指出要推进跨专业、跨领域深度协同、融合创新，构建适应碳达峰碳中和目标的能源科技创新体系。国家发展改革委、科技部联合印发的《关于进一步完善市场导向的绿色技术创新体系实施方案（2023—2025年）》进一步详细阐述了要加强推进企业、学研机构与中介机构、金融资本等创新主体协作融合，加快绿色低碳创新。国家相关部门通过制定相关政策为引导低碳创新网络中主体进行协同创新营造了良好的宏观环境，有利于促进企业、学研机构等创新主体向低碳协同创新研发、生产方向发展。国家相关部门通过政策引导，使企业、学研机构等创新主体开始寻求低碳协同创新，合作互动，对低碳创新资源进行整合，获得低碳协同创新成果。

3. 科技进步

低碳创新网络的形成和发展需要强大的技术支持，而整个社会科技进步是推动低碳创新网络形成的重要力量。科技进步是促进低碳创新发展的重要动力，通过科学技术的改进和提升，为实现低碳创新奠定了良好的研究基础，也为企业进行低碳创新产品生产，获得经济收益，提供了技术支持。随着社会科学技术的不断进步和发展，企业可以用自主创新的方式，来进行低碳创新活动，也可以通过与学研机构等创新主体建立合作关系，形成优势互补，获得新的低碳技术和知识支持，研发、生产出新的低碳产品，开发出新的市场，获得更多的经济效益，再将先进的低碳创新技术、低碳创新成果、低碳创新资源引入协同创新活动中，使更多的低碳创新相关科技进步成果为协同创新服务。

4. 低碳市场竞争

市场竞争所带来的压力是推动企业低碳创新的主要力量。在日益激烈的市场竞争环境中，企业只依靠自身创新往往不能取得成功，需要寻找其他创新主体进行合作。学研机构是低碳技术创新的源头，能够提供给企业知识、技术、人才等低碳创新资源，中介机构和金融机构等也能够为企业提供低碳创新相关中介服务和金融服务，企业通过与学研机构等创新主体合作，能够形成资源互补，共担风险，发挥协同效应。市场竞争所带来的压力促进企业与学研机构等创新主体一旦建立起协同合作关系，就会快速根据搜集到的市场需求信息开展低碳创新技术攻关、产品研发、生产等工作，获得市场竞争优势，避免市场竞争带来的不利影响。同时，企业和学研机构等创新主体也将会继续保持忧患意识，积极参与到低碳创新网络多主体协同创新中进行知识学习和技术创新，提高低碳创新能力。

低碳创新网络多主体协同创新的动力是内部动力和外部动力的共同作用力。内部动力是促进低碳创新多主体协同创新的直接动力，外部动力可以刺激内部动力产生，内部动力和外部动力相辅相成，共同推动低碳创新网络多主体协同创新形成，提升创新主体低碳创新能力，形成低碳创新网络的竞争优势，促进创新主体协同创新发展。

第二节　低碳创新网络多主体协同创新机制框架构建

一、低碳创新网络多主体协同创新机制理论分析

基于系统论理论和协同创新理论，低碳创新网络是由政府、企业、学研机构、中介机构、金融机构等创新主体及其相互关系构成的系统，创新主体在内部动力和外部动力驱动下进行低碳协同创新。低碳创新网络中创新主体以低碳创新知识增值和技术水平提升为目的，打破创新主体间边界，通过协同合作，进行低碳创新知识转移、信息流动，实现协同效应。

低碳创新网络多主体协同创新过程中，创新主体虽然可以通过低碳创

新资源共享满足低碳创新需求，提升低碳创新能力，降低低碳创新成本，增加低碳创新收益，但创新主体进行低碳协同创新的意愿往往会受成本分摊和利益分配的影响。如果成本分摊和利益分配的系数设置不合理，将会阻碍低碳协同创新整体效果的实现，影响低碳协同创新参与者的行为决策，为此低碳创新网络多主体协同创新过程中应合理设置成本分摊和利益分配的系数，实现多主体互利共赢。同时，政府可以通过制定鼓励低碳协同创新政策、减免碳税、设立低碳创新科研专项资金等激励方式，提高创新主体进行低碳协同创新的积极性和主动性。此外，为了避免创新主体中途放弃低碳协同创新现象的发生，也可以通过建立合理的惩罚机制，约束低碳协同创新主体行为，提升低碳创新网络多主体协同创新的稳定性。因此，低碳创新网络中创新主体进行低碳协同创新决策时，需要考虑成本分摊系数、利益分配系数、政府激励、违约惩罚等因素的影响，以实现低碳创新网络多主体协同创新稳定发展。

低碳创新网络多主体协同创新有利于低碳创新人力、物力、财力、知识、信息等资源在创新主体之间流动，形成优势互补，产生协同效应，促进低碳知识、技术的创新。为了能够清楚了解低碳创新网络多主体协同创新水平，需要对其进行综合评价。首先，应建立一个能够真实、全面、客观反映低碳创新网络多主体协同创新水平的评价指标体系；然后，利用科学的方法对低碳创新网络多主体协同创新进行评价、分析、总结；最后，根据评价结果提出促进策略。低碳创新网络多主体协同创新机制理论模型，如图3-3所示。

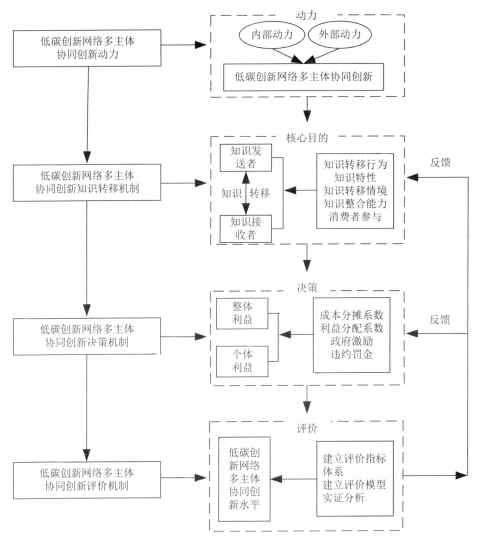

图3-3 低碳创新网络多主体协同创新机制理论模型

二、低碳创新网络多主体协同创新机制的研究框架

机制是指系统各要素之间相互联系和运行方式的总和。低碳创新网络多主体协同创新机制是低碳创新网络中各创新主体为实现低碳协同创新，不断努力，相互协作产生的相互联系和互动关系。

首先，低碳创新网络中主体之间进行低碳协同创新的核心是知识协同，创新主体通过知识转移实现低碳创新知识增值，而低碳创新知识增值是实现低碳创新成果向现实生产力转化的关键[198]。低碳创新网络中进行低碳协同创新的主体希望与网络中其他主体进行合作，实现知识转移，增加自身知识存量。因此，通过对低碳创新网络多主体协同创新知识转移机制分析，能够明确低碳创新网络中低碳协同创新主体之间知识转移过程及影响因素，有利于低碳创新知识增值，促进低碳技术创新，提高低碳创新成果转化率，增加低碳创新绩效产出。

其次，低碳创新网络中主体之间通过低碳协同创新获得协同效益，减少低碳创新成本投入，促进创新主体之间建立稳定的协同创新关系，设置合理的成本分摊系数和利益分配系数有利于低碳创新网络中创新主体选择低碳协同创新。同时，政府通过制定低碳协同创新激励政策，对进行低碳协同创新的主体给予碳税减免、科研经费支持等均可降低低碳协同创新的成本，激励创新主体进行低碳协同创新，实现低碳创新网络多主体协同创新整体利益与单个主体利益的有机统一，有助于提高低碳创新网络中创新主体进行低碳协同创新的稳定性，促进低碳创新网络中主体之间建立长期、稳定的低碳协同创新关系。

最后，在对低碳创新网络多主体协同创新知识转移机制、决策机制研究的基础上，建立能够科学反映低碳创新网络多主体协同创新发展水平的评价指标体系。通过科学、客观评价，发现低碳创新网络多主体协同创新过程中存在的问题，为后续促进策略提出提供依据。

基于上述分析，本书认为低碳创新网络多主体协同创新机制主要包括：低碳创新网络多主体协同创新知识转移机制、决策机制、评价机制。低碳创新网络多主体协同创新机制框架，如图3-4所示。

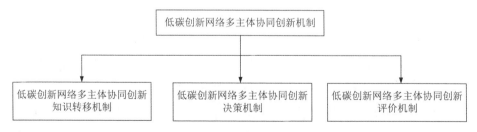

图3-4　低碳创新网络多主体协同创新机制框架

三、低碳创新网络多主体协同创新机制的关系分析

低碳创新网络多主体协同创新知识转移机制、决策机制、评价机制构成了低碳创新网络多主体协同创新的关键环节，各机制之间存在着一定的联系。首先，知识转移机制是低碳创新网络多主体协同创新的核心，创新主体之间通过知识转移达到知识协同的目的，实现知识增值。其次，在低碳创新网络多主体协同创新时，创新主体共同分摊低碳协同创新成本、共同分配低碳协同创新收益，创新主体会为实现各自利益目标，与其他主体在共同利益一致的基础上，不断权衡成本与利益之间的关系，开展一系列决策行为，政府会采取激励手段、违约惩罚等方式促进低碳创新网络多主体协同创新。最后，结合低碳创新网络内涵和协同创新理论，建立低碳创新网络多主体协同创新评价指标体系，利用科学、客观的方法对低碳创新网络多主体协同创新进行全面评价和总结，将评价结果反馈给低碳创新网络中各主体，有利于进一步促进低碳创新网络多主体协同创新发展。

低碳创新网络多主体协同创新知识转移机制、决策机制、评价机制是根据低碳创新网络多主体协同创新实际发展需要形成的，各机制之间相互联系，共同促进低碳创新网络多主体协同创新。因此，对低碳创新网络多主体协同创新各机制分析，具有重要意义。

第三节　低碳创新网络多主体协同创新机制的构成

一、低碳创新网络多主体协同创新知识转移机制

低碳创新网络多主体协同创新知识转移机制，是创新主体之间进行低碳知识转移、扩散、融合，提升低碳知识价值的过程。低碳创新网络中创新主体之间通过知识转移，可以实现低碳创新知识在创新主体之间的流动、传播，有利于创新主体低碳创新知识增值，促进低碳创新成果转化，提高低碳创新绩效。低碳创新网络多主体协同创新知识转移过程中，会受到知识转移

行为、知识特性、知识转移情境、知识整合能力、消费者参与等因素的影响。因此，本书基于系统动力学理论，对低碳创新网络多主体协同创新知识转移机制进行分析，明确低碳创新网络中主体之间知识转移过程和影响因素，进而帮助创新主体进行低碳创新。

二、低碳创新网络多主体协同创新决策机制

低碳创新网络多主体协同创新的最终目的是创新主体通过协同合作，实现协同效应，使得低碳协同创新的整体利益大于主体单独进行低碳创新的利益之和，进而提升低碳创新效果。低碳创新网络中主体之间进行低碳协同创新的内部动力之一是利益驱动，而由于不同主体的利益追求不同，导致创新主体进行低碳协同创新决策时会受成本分摊系数、利益分配系数、政府激励和违约罚金等因素影响。因此，本文利用演化博弈理论，构建低碳创新网络多主体协同创新演化博弈模型，分析低碳创新网络多主体协同创新决策过程中创新主体的博弈过程，在设置合理的成本分摊系数和利益分配系数条件下，创新主体选择进行低碳协同创新获得的收益大于其选择不进行低碳协同创新的收益时，创新主体会选择进行低碳协同创新；政府通过采取低碳创新政策支持、碳税优惠、低碳创新科研专项资金支持方式，对企业和学研机构低碳协同创新进行正向激励，减少企业和学研机构进行低碳协同创新的成本，对中途放弃低碳协同创新的主体采取惩罚措施，增加创新主体单独进行低碳创新的成本，可以促进创新主体选择进行低碳协同创新。

创新主体进行低碳协同创新决策时，会从自身利益角度考虑是否进行低碳协同创新，因此科学设置成本分摊系数、利益分配系数，建立有效的激励机制和惩罚机制，有利于维护创新主体进行低碳协同创新的稳定性。

三、低碳创新网络多主体协同创新评价机制

通过对低碳创新网络多主体协同创新评价，可以了解低碳创新网络多主体协同创新的实际情况和不足之处，进而提出促进低碳创新网络多主体协同

创新的对策建议。低碳创新网络是一个由多种要素构成的复杂系统，创新主体进行低碳协同创新过程中涉及人力、财力和物力等多项指标。基于系统论思想和协同创新理论，对低碳创新网络多主体协同创新评价时，以科学性、系统性、可行性和可比性为原则，从低碳创新网络多主体协同创新投入、协同创新合作、协同创新产出、协同创新辅助条件四个层面考虑，建立低碳创新网络多主体协同创新评价指标体系，并利用科学评价方法对低碳创新网络多主体协同创新进行评价，提出促进低碳创新网络多主体协同创新发展的对策建议。

第四节　本章小结

本章主要对低碳创新网络多主体协同创新机制进行构建。首先，从核心主体和支撑主体两个角度分析了低碳创新网络中的多主体，对主体之间的互动关系和协同创新动力进行了分析；其次，构建了由知识转移机制、决策机制和评价机制组成的低碳创新网络多主体协同创新机制框架；最后，对不同机制之间的关系进行了分析，为下文第4—6章的具体研究和第7章促进策略的提出做铺垫。

第四章　低碳创新网络多主体协同创新
知识转移机制

　　低碳创新网络是一个复杂系统，包含多种创新主体，主体之间存在着复杂的互动关系，协同创新主体通过与其他主体合作，进行知识转移，可以补充主体之间知识差异，实现知识增值。知识转移是协同创新的主要目的之一，明确低碳创新网络中主体之间知识转移过程和影响因素，能够有效帮助创新主体进行低碳创新。因此，本章运用系统动力学方法构建低碳创新网络多主体协同创新正向和反向知识转移模型，试图在低碳创新网络多主体协同创新知识转移过程研究的基础上，从动态视角揭示知识转移的内在运行机制，分析知识转移行为、知识特性、知识转移情境、知识整合能力、消费者参与对知识转移过程的影响。

第一节　低碳创新网络多主体协同创新知识转移过程分析

一、知识转移内涵

　　协同创新是以知识增值为核心，创新主体通过协同合作进行知识获取、转移、吸收和应用，最终实现知识积累，提高创新主体知识存量的过程[194]。知识转移是协同创新中最常见的知识活动，也是协同创新主体间的一种沟通方式，实现知识在创新主体之间流动、共享、扩散的主要方式[199]。

　　美国技术与创新管理学家Teece率先提出知识转移概念，认为知识转移是知识发送者和接受者进行知识发送和接收的过程[200]。知识转移是知识由高知识位势向低知识位势流动的过程[201]，知识转移不仅仅是知识的转移，也包括知识接受者对知识的吸收和利用。学者将知识分为显性知识和隐性知识[202]，显性知识便于编码，是可以通过数字、图表以及文字等呈现出来的知识很容易转移，知识接受者能够轻松理解、掌握这些知识，例如研究报告、产品说明书等；隐性知识不容易直接用文字或者图表等形式转移给知识接受者，需要通过主体之间沟通、学习才能理解、掌握的知识，例如个人专长、职场经验以及见解等。创新主体间协同合作为知识转移提供了良好的沟通平台，合作双方可以在协同创新过程中，通过学习、捕捉、传递无法用文字、图表以及语言等方式准确表达的隐性知识[193]。知识转移是对现有知识的识别、获取以及吸收，在之后的活动中利用这些知识使知识接受者得到更好的发展[203]。

现有研究主要从转移过程、转移效果以及转移动力三个视角对知识转移进行定义：从转移过程视角来看，研究者认为知识转移是知识从发送者向接受者流动的过程[204]；从转移效果视角来看，研究者认为知识转移既包括知识的转移过程，也包括知识的吸收[205]；从转移动力视角来看，研究者认为知识转移产生的主要原因是知识接受者对知识的需求[206]。

本书在已有研究基础上认为，低碳创新网络多主体协同创新知识转移是创新主体通过低碳创新资源共享、相互合作，使知识跨越创新主体边界，从知识发送者转移到知识接受者，并被知识接受者消化、吸收的过程。在低碳创新网络多主体协同创新过程中，协同创新为低碳创新网络中主体之间知识转移提供了沟通、交流的渠道，创新主体间的知识在流动过程中实现增值，有利于促进创新主体低碳创新能力提升。

二、知识转移过程

在低碳创新网络中企业和学研机构等创新主体在战略引导、低碳市场需求、科技进步等内、外部动力驱动下进行低碳协同创新。其中，学研机构是低碳创新知识生产者，属于知识密集型组织，相较于其他创新主体，拥有更全面、系统、多样的低碳创新知识，在低碳创新领域更具前瞻性，是知识发送者；企业是低碳创新成果产出者，获得来自学研机构转入的低碳创新知识，提升其知识存量，通过对接收到的知识进行消化、吸收，生产出低碳创新产品，是知识接受者；学研机构在向企业转移知识的同时，也能收获来自企业的异质性低碳创新知识，提升其低碳创新知识水平，达到双赢的效果。参照Li等（2021）[207]和Dong等（2023）[208]的研究，本书根据知识转移的方向将学研机构和企业之间的知识转移分为：学研机构向企业的正向知识转移和企业向学研机构的反向知识转移。为了便于研究，本书将低碳创新网络中的知识转移主体简化为学研机构和企业。

三、知识转移影响因素

低碳创新网络中学研机构和企业协同创新知识转移是一项复杂的系统工程，涉及多种影响因素，现有研究大多从知识发送者、知识接受者、知识属性、知识转移情境[209-211]角度分析知识转移影响因素。在已有研究成果基础上，本文综合知识转移的内涵，并且考虑消费者参与对知识转移的影响，运用系统动力学方法从动态角度分析知识转移行为、知识特性、知识转移情境、知识整合能力、消费者参与5个方面的12项因素对低碳创新网络中学研机构和企业协同创新正向和反向知识转移的影响。

（一）知识转移行为

知识转移行为主要表现在知识发送方的转移意愿和知识接受方的接受意愿。在低碳创新网络多主体协同创新知识转移过程中，学研机构是知识发送者，企业是知识接受者。学研机构转移意愿是学研机构进行知识转移的内在动力，是学研机构愿意将知识以某种方式提供给企业的心理倾向。企业接受意愿指企业倾向于采纳外来信息和意见的意愿。通常情况下，企业知识接受意愿不高将会减少进行知识转移的投入，会阻碍知识转移[209]。

（二）知识特性

知识是低碳创新网络协同创新知识转移过程中被转移的对象，知识特性影响着整个转移的速度与效果，一般表现为内隐性和复杂性两个方面。知识的内隐性一般是指知识转移过程中隐性知识比例[210]。隐性知识通常比显性知识更不容易被认识和表达，在低碳创新网络多主体协同创新知识转移过程中，隐性知识可以是创新主体对事物认知的习惯、经营理念等。知识的复杂性是指知识转移过程中知识涉及的主体、技术等资源的复杂程度。通常情况下，在低碳创新网络中进行知识转移需要跨越多个主体、研究领域等，将会增加知识的复杂性，导致这部分知识不容易被接受和理解。

（三）知识转移情境

低碳创新网络多主体协同创新知识转移的情境因素主要包括信任程度、组织距离、低碳文化竞争力等。其中，信任程度是知识转移的基础[211]，是知识转移主体之间相互信赖程度。组织距离是指知识转移主体之间在决策程序、管理制度等方面的不相似程度。通常情况下，组织直线职能制和矩阵制结构等都体现了组织距离。低碳文化竞争力是和低碳文化相关的组织学习、创新性、企业家精神等因素对低碳知识转移所产生的凝聚力、导向力、鼓舞力和推动力。

（四）知识整合能力

知识整合能力主要体现在知识发送者的沟通编码能力和知识接受者的沟通解码能力方面。其中，沟通编码能力是知识发送者在自身对知识了解的基础上，对知识进行整理、概括、总结，然后传递给知识接受者，完成知识转移。沟通解码能力是知识接受者对知识发送者发送的知识的理解能力，通常与知识接受者的受教育程度、经验等有关。在低碳创新网络中学研机构和企业协同创新知识转移过程中，沟通编码能力和沟通解码能力的强弱影响着知识转移效果。

（五）消费者参与

消费者参与可以为学研机构、企业提供有关低碳产品和服务创新的知识，丰富和补充学研机构、企业低碳创新知识。根据Skaggs等（2004）对消费者参与理论的分析，本文从合作生产、消费者联系、服务定制三个方面分析消费者参与对低碳创新网络多主体协同创新知识转移的影响[212]。其中，合作生产是消费者担任着生产者的身份与学研机构、企业一同进行低碳产品研发、生产，在低碳产品研发、生产过程中，学研机构和企业通过与消费者建立合作生产关系，获得消费者知识。消费者联系是指在低碳创新过程中，学研机构、企业与消费者之间的互动程度。服务定制是学研机构、企业根据消费者的低碳消费偏好、低碳消费特征等进行低碳研发、生产制造，为消费者提供定制服务,能够拉近与消费者之间的距离,提高彼此紧密程度,增强消费者与学研机构、企业之间的黏性。

根据上述分析,学研机构和企业作为低碳创新网络中的核心主体,学研机构掌握着低碳创新知识、人力资源以及核心技术等,在知识转移中发挥主导作用,具有相对较高的初始知识存量,企业掌握着低碳创新生产过程中的一般技术和普通资源,初始知识存量相对较低,形成了低碳创新网络中学研机构和企业之间的知识势差,促进了知识从学研机构向企业的正向知识转移[213],而异质性低碳创新知识需求推动了从企业到学研机构的反向知识转移,两者都受到知识转移过程中知识转移行为、知识特性、知识转移情境、知识整合能力、消费者参与的影响。学研机构和企业为了在低碳创新网络中保持核心主体地位,二者均具有一定的自主知识创新能力,学研机构的自主知识创新率相对较高。随着时间的流逝,学研机构、企业以及二者运作的协同创新系统均会面临着知识的更新、失效、淘汰的问题,从而会减少各自的知识存量。因此,低碳创新网络多主体协同创新知识转移系统是一个动态有序的耗散结构体系。

基于上述分析,本文构建了不同因素对低碳创新网络多主体协同创新知识转移影响的概念模型,如图4-1所示。

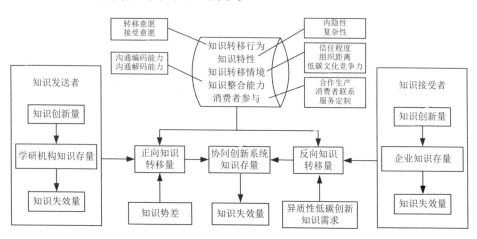

图4-1 概念模型

第二节 低碳创新网络多主体协同创新知识转移的
系统动力学建模

一、建模目的与系统边界

（一）建模目的

确定建模目的是建立系统动力学模型的关键环节，本研究主要运用系统动力学模型梳理低碳创新网络中学研机构和企业协同创新知识转移过程中各影响因素的逻辑关系，分析不同类型知识转移影响因素对低碳创新网络中学研机构和企业协同创新知识转移系统的影响，明确知识转移系统的反馈机制，提高知识转移效率。

（二）系统边界

低碳创新网络多主体协同创新过程中，时刻发生着知识转移行为，知识转移的主体分别为学研机构和企业，主要分析学研机构向企业的正向知识转移和企业向学研机构的反向知识转移，为知识转移的有效进行提供服务。

由于知识具有内隐性、复杂性、动态性，是一种抽象概念，使得知识转移不容易被量化，本研究把知识作为一种流动的物质。因此本文所构建的模型中包括学研机构知识存量、企业知识存量、协同创新系统知识存量、学研机构知识创新量、企业知识创新量、学研机构知识创新率、企业知识创新率、学研机构知识失效量、企业失效量、协同创新系统知识失效量、学研机构知识失效率、企业知识失效率以及协同创新系统知识失效率；在低碳创新网络多主体协同创新知识转移过程中，由于学研机构和企业之间知识存量和自主创新能力存在差异，二者之间存在一定的知识势差，学研机构知识存量大于企业，所以学研机构和企业之间形成正向知识转移；企业通过寻找、消化、吸收产生异质性低碳创新互补知识，对学研机构产生异质性低碳创新互补知识的供给，形成由企业向学研机构的反向知识转移。

低碳创新网络多主体协同创新正向知识转移量受到知识势差、转移阈值、学研机构知识共享意愿、知识整合能力、消费者参与、知识转移情境、知识转移行为、知识特性、协同创新系统知识存量的影响；反向知识转移量受到企业知识共享意愿、企业知识存量、消费者参与、知识转移情境、知识整合能力、知识特性、知识转移行为、协同创新系统知识存量的影响；协同创新系统知识存量受到正向知识转移量、反向知识转移量以及协同创新系统知识失效量的影响。其中，转移阈值是学研机构为了保持自身竞争优势的需要；知识转移行为受到学研机构转移意愿和企业接受意愿的影响；知识特性受到内隐性和复杂性共同影响；消费者参与受到合作生产、消费者联系、服务定制的影响；知识转移情境受到信任程度、组织距离以及低碳文化竞争力的影响；知识整合能力受到沟通编码能力和沟通解码能力的共同影响。

综上所述，本研究构建的系统动力学模型的系统边界是低碳创新网络多主体协同创新知识转移过程以及影响知识转移过程的要素集合。

二、假设条件

为了方便阐明学研机构与企业之间知识转移系统运行的前提和条件，本书借鉴现有文献[207, 214]，提出以下假设：

假设1：学研机构的初始知识存量大于企业，双方存在着知识势差。只要满足转移阈值条件，知识势差就会促使学研机构向企业进行正向知识转移。

假设2：学研机构和企业的知识创新能力均在互相学习中逐渐增强，即知识创新率不断提高，并且学研机构的知识创新率比企业高。

假设3：企业产生的异质性低碳创新互补知识对学研机构产生反向知识转移。

三、因果反馈关系

因果关系图是构建低碳创新网络多主体协同创新知识转移系统动力学模型的基本关系图，体现了低碳创新网络多主体协同创新知识转移过程中各要素之间的循环反馈关系，根据上述分析，本文构建了低碳创新网络多主体协同创新学研机构与企业之间知识转移的因果关系模型，如图4-2所示。

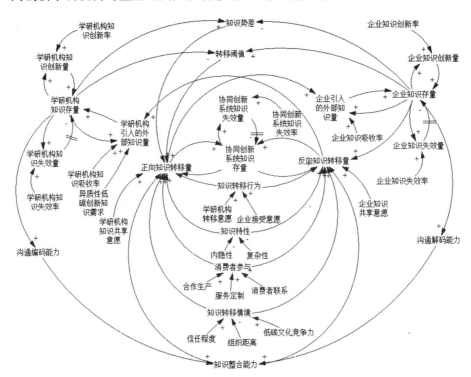

图4-2 低碳创新网络多主体协同创新知识转移的因果关系图

基于以上分析，本研究构建的低碳创新网络多主体协同创新知识转移的因果关系图主要包含16条反馈回路，其中，正反馈回路11条，负反馈回路5条，如图4-3 a）和图4-3 b）所示。

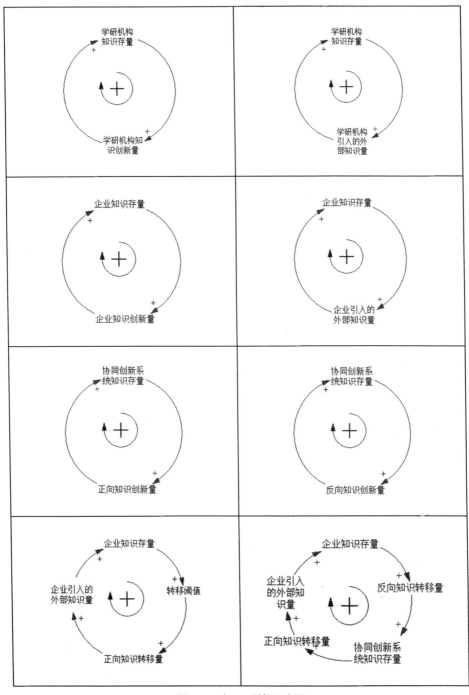

图4-3a) 反馈回路图

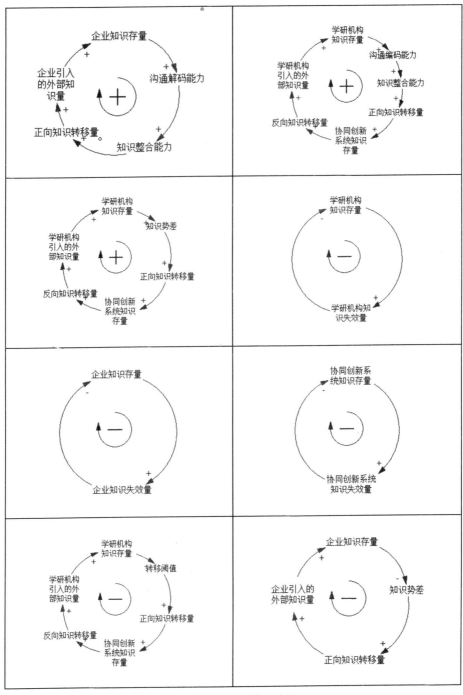

图4-3 b) 反馈回路图

第三节　低碳创新网络多主体协同创新知识转移的系统动力学模型构建

一、系统流图

根据因果关系图，构建出低碳创新网络多主体协同创新知识转移系统流图，如图4-4所示。图4-4中共有41个主要变量，其中包含3个状态变量（L）、9个速率变量（R）、12个辅助变量（A）以及17个常量（C），具体见表4-1。

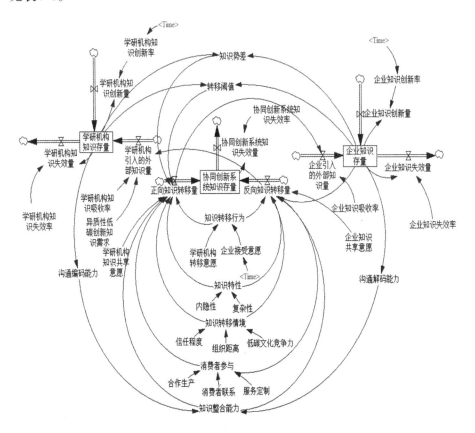

图4-4　低碳创新网络多主体协同创新知识转移系统流图

表4-1 系统流图中的变量及类型

变量类型	变量名称	变量符号
状态变量	学研机构知识存量	L_1
	企业知识存量	L_2
	协同创新系统知识存量	L_3
速率变量	学研机构知识创新量	R_1
	学研机构引入的外部知识量	R_2
	学研机构知识失效量	R_3
	企业知识创新量	R_4
	企业引入的外部知识量	R_5
	企业知识失效量	R_6
	正向知识转移量	R_7
	反向知识转移量	R_8
	协同创新系统知识失效量	R_9
辅助变量	学研机构知识创新率	A_1
	企业知识创新率	A_2
	知识势差	A_3
	转移阈值	A_4
	知识转移行为	A_5
	企业接受意愿	A_6
	知识特性	A_7
	消费者参与	A_8
	知识转移情境	A_9
	知识整合能力	A_{10}
	沟通编码能力	A_{11}
	沟通解码能力	A_{12}

变量类型	变量名称	变量符号
常量	企业知识共享意愿	C_1
	学研机构知识失效率	C_2
	企业知识失效率	C_3
	协同创新系统知识失效率	C_4
	学研机构知识吸收率	C_5
	企业知识吸收率	C_6
	异质性低碳创新知识需求	C_7
	学研机构知识共享意愿	C_8
	学研机构转移意愿	C_9
	内隐性	C_{10}
	复杂性	C_{11}
	合作生产	C_{12}
	服务定制	C_{13}
	消费者联系	C_{14}
	信任程度	C_{15}
	组织距离	C_{16}
	低碳文化竞争力	C_{17}

二、方程建立与参数设置

本模型使用Vensim PLE软件进行仿真模拟，设定仿真时间为24个月。由于知识具有内隐性和复杂性特点，并且影响低碳创新网络中学研机构和企业之间知识转移的因素存在较大差异，使得相关数据难以获得，也不容易测量，因此本文采用平衡态赋值法对模型中参数赋值[215]。同时，由于知识较为抽象，难以用具体的数量单位衡量，所以本文忽略了知识存量的单位设置。本模型具体方程设计和参数赋值如下：

$$L_1 = INTEG(R_1 + R_2 - R_3, 100) \tag{4-1}$$

$$L_2 = INTEG(R_4 + R_5 - R_6, 20) \tag{4-2}$$

$$L_3 = INTEG(R_7 + R_8 - R_9, 0) \tag{4-3}$$

式中，L_1和L_2的初始值分别设置为100和20；L_3来自L_1和L_2的知识转出，所以设置L_3的初始值为0。

$$R_1 = L_1 * A_1 \qquad (4\text{-}4)$$

$$R_4 = L_2 * A_2 \qquad (4\text{-}5)$$

$$A_1 = WITH\ LOOKUP(Time,\ ([(0,0)\text{-}(24,1)],(0,0.1),(24,0.3))) \quad (4\text{-}6)$$

$$A_2 = WITH\ LOOKUP(Time,\ ([(0,0)\text{-}(24,1)],(0,0.05),(24,0.25))) \quad (4\text{-}7)$$

式中，A_1、A_2随组织演进不断变化，因此，采用表函数表示其变化规律。

$$R_3 = STEP(L_1 * C_2, 4) \qquad (4\text{-}8)$$

$$R_6 = STEP(L_2 * C_3, 4) \qquad (4\text{-}9)$$

$$R_9 = STEP(L_3 * C_4, 4) \qquad (4\text{-}10)$$

式中，R_3、R_6、R_9采用阶跃函数来衡量；设定知识均从仿真开始第四个月开始失效，设置C_2、C_3、C_4均为0.02。

$$R_2 = R_8 * C_5 * C_7 \qquad (4\text{-}11)$$

$$R_5 = R_7 * C_6 \qquad (4\text{-}12)$$

式中，C_5设置为0.9，C_7设置为0.8，C_6设置为0.7。

$$R_7 = DELAY1I(IF\ THEN\ ELSE(A_4 < 0.9),$$
$$C_8 * A_3 * A_5 * A_7 * A_8 * A_9 * A_{10}, 0), 2, 0) \qquad (4\text{-}13)$$

$$R_8 = DELAY1I(L_2 * C_1 * A_8 * A_9 * A_{10}, 2, 0) \qquad (4\text{-}14)$$

在实际的知识转移过程中，知识发送者需要对转移的知识进行选择，知识接受者需要对转移过来的知识进行吸收、理解。所以本文采用一阶延迟函数$DELAY1I$来表示知识转移量，延迟时间设置为2个月，设置R_7和R_8的初始值均取0。式中，C_1设置为0.6，C_8设置为0.8。

$$A_3 = L_1 - L_2 \qquad (4\text{-}15)$$

$$A_4 = IF\ THEN\ ELSE(L_2 / L_1 < 0.9, L_2 / L_1, 0.9) \qquad (4\text{-}16)$$

式中，A_4采用条件函数$IF\ THEN\ ELSE$模拟，当A_4超过0.9时，学研机构将停止向企业转移知识。

$$A_5 = C_9 * A_6 \qquad (4\text{-}17)$$

式中，C_9取值范围为[0，1]，设置初始值为0.9。

$$A_6 = WITH\ LOOKUP(Time, ([(0,0) - (24,1)], (0,0.3), (24,0.9)))) \quad （4-18）$$

$$A_7 = (1 - C_{10}) * (1 - C_{11}) \quad （4-19）$$

式中，C_{10}和C_{11}的取值范围均在[0，1]之间，设置C_{10}的初始值为0.3，C_{11}的初始值为0.4。

$$A_8 = C_{12} * C_{13} * C_{14} \quad （4-20）$$

式中，C_{12}、C_{13}和C_{14}的取值范围均在[0，1]之间，参考王核成等（2019）[205]的研究，由于同C_{12}和C_{14}相比，C_{13}对消费者拥有的知识和企业技术能力要求较高，所以设置C_{12}、C_{14}、C_{13}的初始值分别为0.3、0.2、0.1。

$$A_9 = C_{15} * (1 - C_{16}) * C_{17} \quad （4-21）$$

式中，C_{15}、C_{16}、C_{17}的取值范围均在[0，1]之间，设置C_{15}的初始值为0.4，C_{16}和C_{17}的初始值为0.2。

$$A_{10} = A_{11} * A_{12} \quad （4-22）$$

$$A_{11} = WITH\ LOOKUP(L_1, ([(0,0) - (4000,1)], (0,0.6), (4000,0.9)))) \quad （4-23）$$

$$A_{12} = WITH\ LOOKUP(L_2, ([(0,0) - (400,1)], (0,0.4), (400,0.9)))) \quad （4-24）$$

第四节　低碳创新网络多主体协同创新知识转移系统动力学模型检验与仿真分析

一、模型检验

为了检验模型适用于所研究的问题，并且模拟结果符合现实客观事物发展规律，有必要对模型进行检验。本研究借鉴Li等（2021）[207]的做法，利用量纲一致性检验、模型极端情况检验、拟合检验对模型进行检验。

（一）量纲一致性检验

量纲一致性检验要求低碳创新网络多主体协同创新知识转移系统动力学模型中方程式两侧的量纲相同，模型中所有变量都具有合理意义。本研究所构建的模型中变量均为描述性数据，没有实际的量纲单位，不存在量纲差异，具有一致性。

（二）模型极端情况检验

模型极端情况检验主要是用来检测低碳创新网络多主体协同创新知识转移系统动力学模型中的方程是否稳定、可靠，在极端条件下能否真实地反映出实际系统的变动规律[207]。模型极端情况检验主要是根据模型对一个或几个变量的极值所作出的反应来判断。由于篇幅所限，本研究分别选择学研机构转移意愿和知识的内隐性考查所取的极值对正向知识转移和反向知识转移的影响。其中，学研机构转移意愿取值为"0"，内隐性取值为"1"，极端情况检验结果如图4-5所示。

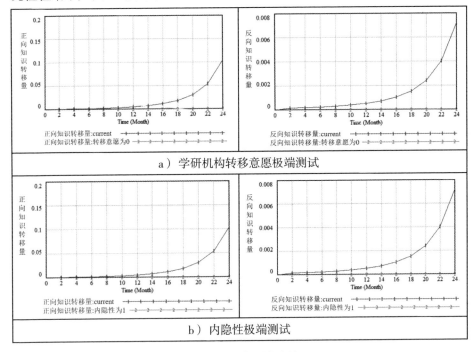

图4-5　极端情况检验结果

如图4-5 a）所示，当学研机构转移意愿取值为"0"时，说明学研机构不会进行知识转移，因此正向知识转移量和反向知识转移量均为0。如图4-5 b）所示，当内隐性取值为"1"时，表明知识转移过程中全部为隐性知识，学研机构和企业之间无法进行有效的知识转移，因此学研机构和企业之间的正向知识转移量和反向知识转移量均为0，符合现实情况下的理性行为模型，说明所构建的模型中方程具有稳定性和可靠性。

（三）拟合检验

本文利用Vensim PLE软件对所构建的低碳创新网络多主体协同创新知识转移模型进行拟合检验，分析该模型的行为和趋势能否真实反映低碳创新网络多主体协同创新知识转移系统特征，以判断构建的模型是否能够真实反映研究系统的运行规律，如图4-6所示。

（1）如图4-6 a）和b）所示，随着时间的推移，低碳创新网络多主体协同创新知识转移过程中，学研机构和企业的知识存量均呈持续上升趋势，学研机构的知识存量增长速度快于企业。主要是因为学研机构与企业之间的知识存量差距较大，并且学研机构知识创新率较高，使学研机构知识存量增长速度明显比企业知识存量增长速度快，并且学研机构知识存量比企业知识存量更多，这符合实际系统规律。

（2）如图4-6 c）到f）所示，随着时间的推移，学研机构和企业的知识创新量和失效量都呈现出增长趋势。主要是由于学研机构和企业的新知识逐渐增加，学研机构和企业的知识创新量也随着时间的推移而增加。然而，由于创新环境的变化和知识的失效，导致一些知识逐渐被淘汰。因此，随着时间的推移，学研机构和企业双方的知识失效量呈现出不断上升的趋势，并且学研机构比企业的知识失效量多，主要是由于学研机构的知识存量比企业多，所以同等条件下学研机构知识失效量也相对更多。仿真结果表明，模型中知识创新量和失效量的变化趋势与低碳创新网络多主体协同创新知识转移的实际情况一致。

（3）如图4-6 g）和h）所示，在低碳创新网络多主体协同创新知识转移过程中，正向知识转移量和反向知识转移量随着时间的推移持续增长，并且在知识转移后期，随着学研机构和企业之间的合作关系、信任程度等方面的提高，二者的增长速度呈现出加速上升的趋势。

（4）如图4-6 i）和j）所示，学研机构和企业之间的知识势差随着时间的推移逐渐加大，转移阈值随着时间的推移逐渐变小。由于低碳创新网络多主体协同创新知识转移过程中，学研机构处于知识势能较高地位，知识存量较大，并且具有较强的知识创新能力，可以持续创新知识，增加知识存量，而企业处于知识势能较低地位，知识存量较小，并且知识创新能力相对较弱，知识创新量相对较少，使得两者之间的知识势差变得越来越大，转移阈值变得越来越小。

由此可知，低碳创新网络中学研机构和企业的知识存量、知识创新量、知识失效量、正向知识转移量、反向知识转移量、知识势差以及转移阈值随时间变化的曲线与实际情况拟合较好，说明所构建的系统动力学模型能够真实反映低碳创新网络中学研机构和企业之间知识转移过程。

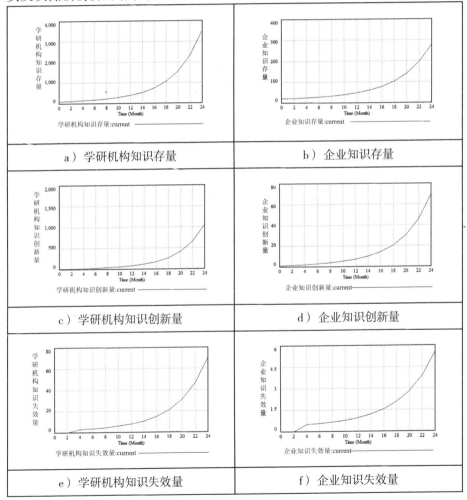

a）学研机构知识存量　　b）企业知识存量　　c）学研机构知识创新量　　d）企业知识创新量　　e）学研机构知识失效量　　f）企业知识失效量

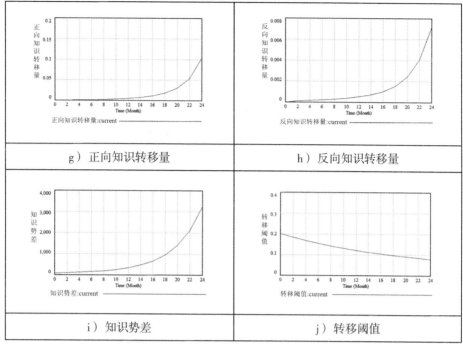

g）正向知识转移量　　　　　　　h）反向知识转移量

i）知识势差　　　　　　　　　j）转移阈值

图4-6　初始状态下的仿真结果

综上所述，本研究构建的模型通过了量纲一致性检验、模型极端情况检验以及拟合检验，仿真结果与实际情况相符，证明了所建模型是合理的、有效的。

二、仿真结果分析

（一）知识转移行为对知识转移的影响

1. 学研机构转移意愿

保持其他参数值不变，学研机构转移意愿分别从0.9降低到0.8、0.7、0.6、0.5和0.4，分别得到曲线为转移意愿1、转移意愿2、转移意愿3、转移意愿4、转移意愿5和转移意愿6，如图4-7所示。从短期来看，正向知识转移量和反向知识转移量均较小，二者的变化率也不明显；从长期来看，随着学研机构转移意愿的降低，正向知识转移量和反向知识转移量的变化趋势基本一致，并且随着学研机构转移意愿的降低，正向知识转移量和反向知识转移量逐渐减少。一般而言，在低碳创新网络中学研机构和企业协同创新知识转移过程中，学研机构转移意愿越高，表明学研机构越愿意将自身拥有的知识向企业进行转移，并且随着企业知识存量的增加，将会带动企业向学研机构进行反向知识转移，这为低碳创新网络多主体协同创新知识转移的良性循环建立了良好的前提条件，使正向和反向知识转移效果更好。因此，降低学研机构转移意愿不利于低碳创新网络多主体协同创新知识转移。

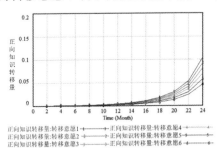
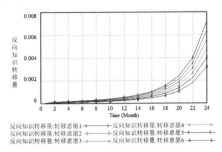

图4-7　学研机构转移意愿对知识转移影响

2. 企业接受意愿

保持其他参数值不变，设定企业接受意愿的初始值分别从0.3提高到0.4、0.5、0.6、0.7和0.8，分别得到曲线为接受意愿1、接受意愿2、接受意愿3、接受意愿4、接受意愿5和接受意愿6，如图4-8所示。从短期来看，正向知识转移量和反向知识转移量均较小，二者的变化率也不明显；从长期来看，随着企业接受意愿的增加，正向知识转移量和反向知识转移量都得到了稳定增加，并且随着时间的推移，二者的变化趋势基本一致，其中正向知识转移量大于反向知识转移量。就知识转移量而言，企业接受意愿对正向和反向知识转移量的影响小于学研机构转移意愿的影响。在通常情况下，低碳创新网络多主体协同创新知识转移过程中，企业的接受意愿越高，说明企业越愿意接受学研机构转移来的知识，使得企业和学研机构之间知识转移更流畅，能够更有效地提升知识转移效果。所以，提高企业接受意愿有助于促进低碳创新网络多主体协同创新知识转移。

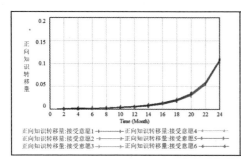
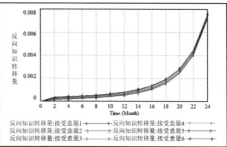

图4-8 企业接受意愿对知识转移影响

（二）知识特性对知识转移的影响

1. 内隐性

保持其他参数值不变，内隐性分别从0.3增加到0.4、0.5、0.6、0.7和0.8，分别得到曲线为内隐性1、内隐性2、内隐性3、内隐性4、内隐性5和内隐性6，如图4-9所示。从整体来看，随着内隐性的提高，低碳创新网络中学研机构与企业之间的知识转移量都呈现出逐渐下降的趋势，最终正向知识转移量和反向知识转移量曲线走势逐渐变平缓，二者的转移速度逐渐变慢。在通常情况下，低碳创新网络多主体协同创新知识转移过程中，知识的内隐性越高，表明所需要转移的知识越不容易被认识和表达，将会导致知识转移效果变差。这一结果表明，增加知识的内隐性将阻碍低碳创新网络多主体协同创新知识转移。

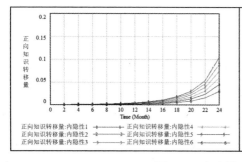
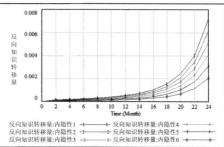

图4-9 内隐性对知识转移影响

2. 复杂性

其他变量保持不变，复杂性分别从0.3增加到0.4、0.5、0.6、0.7和0.8，分别得到曲线为复杂性1、复杂性2、复杂性3、复杂性4、复杂性5和复杂性6，如图4-10所示。从整体来看，随着复杂性逐渐增加，正向知识转移量和反向知识转移量呈现出逐渐下降趋势，但是随着时间的流逝，正向知识转移量和反向知识转移量曲线下降速度逐渐变慢。由于低碳创新网络知识主体的成员来自不同行业、不同部门，拥有不同的专业背景和知识，在知识转移过程中，知识涉及的领域比较广泛，往往会造成知识的复杂性较高。低碳创新网络多主体协同创新知识转移的复杂程度越高，说明转移的知识越不容易被理解，会阻碍知识转移，造成转移效果较差。就知识转移量而言，复杂性对学研机构和企业间知识转移的影响大于内隐性的影响。因此，增加知识的复杂性将会明显抑制学研机构和企业之间的知识转移，并且正向知识转移量的减少率高于反向知识转移量的减少率。

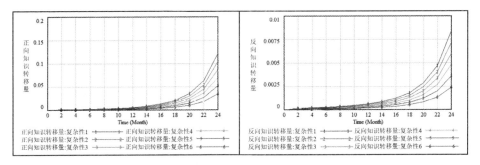

图4-10　复杂性对知识转移影响

（三）知识转移情境对知识转移的影响

1．信任程度

保持其他参数值不变，设定信任程度的参数值分别从0.3增加到0.4、0.5、0.6、0.7和0.8，分别得到曲线为信任程度1、信任程度2、信任程度3、信任程度4、信任程度5和信任程度6，如图4-11所示。从整体来看，随着信任程度参数值的提高，正向知识转移量和反向知识转移量均在不断增加，二者的变化趋势基本一致，曲线走势均呈现陡峭化。在通常情况下，在低碳创新网络多主体协同创新知识转移过程中，学研机构和企业之间信任程度越高，越有利于双方沟通，保证双方知识转移顺畅，提高知识转移效率。因此，良好的信任程度有利于促进低碳创新网络多主体协同创新知识转移。

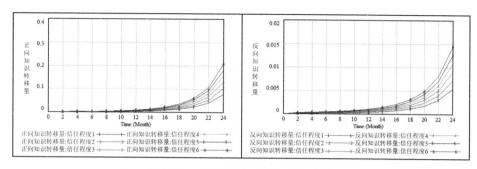

图4-11　信任程度对知识转移影响

2. 组织距离

保持其他参数值不变，设定组织距离的参数值分别从0.2增加到0.3、0.4、0.5、0.6和0.7，分别得到曲线为组织距离1、组织距离2、组织距离3、组织距离4、组织距离5和组织距离6，如图4-12所示。从整体来看，正向知识转移量和反向知识转移量的变化并不明显，随着组织距离的逐步提高，正向知识转移量和反向知识转移量逐渐下降，并且始终处于较低的水平。就知识转移量而言，组织距离对正向和反向知识转移量的影响小于低碳文化竞争力和信任程度的影响。在通常情况下，在低碳创新网络多主体协同创新知识转移过程中，组织距离越大，说明学研机构和企业之间在组织结构、制度等方面的不相似程度较大，会导致双方交流成本加大，知识转移速度变慢，最终使知识转移效果下降。因此，增加组织距离会阻碍低碳创新网络多主体协同创新知识转移。

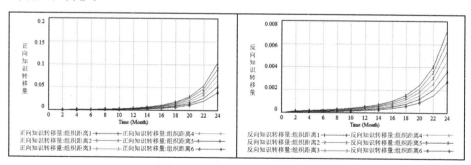

图4-12　组织距离对知识转移影响

3. 低碳文化竞争力

保持其他参数值不变，设定低碳文化竞争力的参数值分别从0.2增加到

0.3、0.4、0.5、0.6和0.7，分别得到曲线为低碳文化竞争力1、低碳文化竞争力2、低碳文化竞争力3、低碳文化竞争力4、低碳文化竞争力5和低碳文化竞争力6，如图4-13所示。从整体来看，正向知识转移量和反向知识转移量的变化并不明显，随着低碳文化竞争力的逐步提高，正向知识转移量和反向知识转移量逐渐增加。就知识转移量而言，低碳文化竞争力对正向和反向知识转移量的影响大于信任程度和组织距离的影响。在通常情况下，在低碳创新网络多主体协同创新知识转移过程中，低碳文化竞争力越强，说明知识转移主体具有关于低碳知识转移的凝聚力、推动力、鼓舞力越强，越有利于促进知识转移。因此，加强低碳文化竞争力会促进低碳创新网络多主体协同创新知识转移。

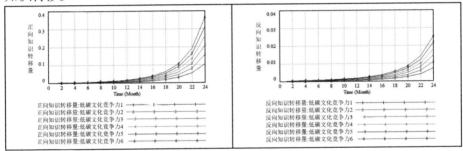

图4-13　低碳文化竞争力对知识转移影响

（四）知识整合能力对知识转移的影响

1. 沟通编码能力

保持其他参数值不变，设定沟通编码能力的参数值分别从0.3增加到0.4、0.5、0.6、0.7和0.8，分别得到曲线为沟通编码能力1、沟通编码能力2、沟通编码能力3、沟通编码能力4、沟通编码能力5和沟通编码能力6，如图4-14所示。从整体来看，随着沟通编码能力的参数值不断增加，正向知识转移量和反向知识转移量不断加大，二者的曲线逐渐呈现为小幅上升趋势，但变化并不明显。通常情况下，低碳创新网络多主体协同创新知识转移过程中，学研机构的沟通编码能力越好，说明学研机构能够更加清楚地表达出需要转移的知识，更加准确地将知识转移给知识接受者，提升知识转移效果。可见，增强沟通编码能力有助于促进低碳创新网络多主体协同创新知识转移。

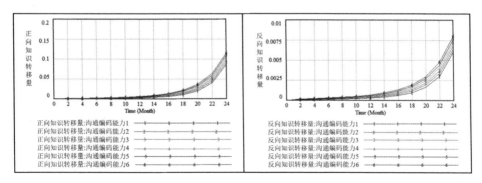

图4-14　沟通编码能力对知识转移影响

2．沟通解码能力

保持其他参数值不变，设定沟通解码能力的参数值分别从0.3增加到0.4、0.5、0.6、0.7和0.8，分别得到曲线为沟通解码能力1、沟通解码能力2、沟通解码能力3、沟通解码能力4、沟通解码能力5和沟通解码能力6，如图4-15所示。从整体来看，随着沟通解码能力的参数值不断增加，正向知识转移量和反向知识转移量不断加大，二者的曲线逐渐呈现为稳定的上升趋势。就知识转移量而言，沟通解码能力对正向和反向知识转移量的影响大于沟通编码能力的影响。在通常情况下，在低碳创新网络多主体协同创新知识转移过程中，企业的沟通解码能力越强，说明其能够更准确、快速地解析转移过来的知识，可以提升知识转移效率。因此，良好的沟通解码能力有助于促进低碳创新网络多主体协同创新知识转移。

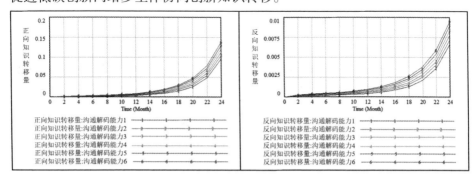

图4-15　沟通解码能力对知识转移影响

（五）消费者参与对知识转移的影响

1. 合作生产

保持其他参数值不变，设定合作生产的参数值分别从0.3增加到0.4、0.5、0.6、0.7和0.8，分别得到曲线为合作生产1、合作生产2、合作生产3、合作生产4、合作生产5和合作生产6，如图4–16所示。从短期来看，正向知识转移量和反向知识转移量变动不大；从长期来看，随着合作生产参数值的提高，正向知识转移量和反向知识转移量也在逐渐增加，并且正向知识转移量和反向知识转移量的变化率逐渐加大，曲线走势更加陡峭化。在通常情况下，在低碳创新网络多主体协同创新过程中，鼓励消费者参与到企业和学研机构低碳创新生产中，加强消费者与企业和学研机构交流、合作，可以增加低碳创新网络多主体协同创新的知识转移量，提高知识转移效率。因此，加强合作生产有助于促进低碳创新网络多主体协同创新知识转移。

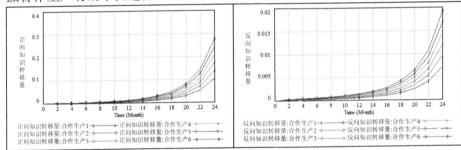

图4–16 合作生产对知识转移影响

2. 消费者联系

保持其他参数值不变，设定消费者联系的参数值分别从0.2增加到0.3、0.4、0.5、0.6和0.7，分别得到曲线为消费者联系1、消费者联系2、消费者联系3、消费者联系4、消费者联系5和消费者联系6，如图4–17所示。从整体来看，随着消费者联系参数值的提高，低碳创新网络多主体协同创新知识转移过程中的正向知识转移量和反向知识转移量也得到了增加，并且正向知识转移量和反向知识转移量的增长速度也在不断加快，其中正向知识转移量的曲线走势更加陡峭。就知识转移量而言，消费者联系对正向和反向知识转移量的影响大于合作生产的影响。在通常情况下，在低碳创新网络多主体协同创新知识转移过程中，随着消费者联系程度的增加，学研机构与企业之间知识转移效果越好，并且对反向知识转移的影响效果更明显。因此，增强消费者联系有利于促进低碳创新网络多主体协同创新知识转移。

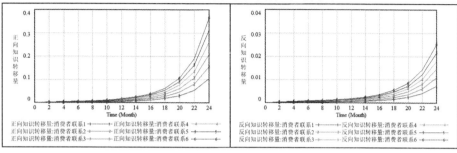

图4-17　消费者联系对知识转移影响

3. 服务定制

保持其他参数值不变，设定服务定制的参数值分别从0.1增加到0.2、0.3、0.4、0.5和0.6，分别得到曲线为服务定制1、服务定制2、服务定制3、服务定制4、服务定制5和服务定制6，如图4-18所示。从整体来看，随着服务定制参数值的逐步提高，正向知识转移量和反向知识转移量均得到了提高，并且变化幅度相较于合作生产和消费者联系对正向知识转移量和反向知识转移量的影响更大，最终二者的变化趋势基本一致。通常情况下，服务定制能够使企业和学研机构对消费者购买偏好、消费特征掌握得更加准确，在消费者联系中服务定制是衡量消费者参与程度最高的测量维度。低碳创新网络多主体协同创新知识转移过程中，提高服务定制水平，能够有效增加正向知识转移量和反向知识转移量，说明服务定制对企业和学研机构间知识转移具有显著的促进作用。因此，加强服务定制水平有利于促进低碳创新网络多主体协同创新知识转移。

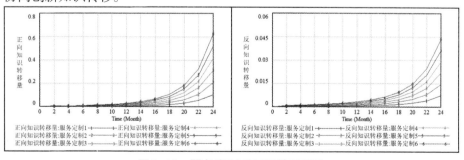

图4-18　服务定制对知识转移影响

（六）五种因素对知识转移的影响程度比较

比较五种因素对低碳创新网络多主体协同创新知识转移的影响程度，分为正向知识转移和反向知识转移。在正向知识转移过程中，首先确定图4-7至图4-18中各因素的考察指标，代表知识转移行为、知识特性、知识转移情境、知识整合能力、消费者参与的考察指标依次是学研机构转移意愿、复杂性、低碳文化竞争力、沟通解码能力、服务定制。之后对五种因素在仿真结束时即第24月曲线6和曲线1对应的纵坐标差值进行比较，分别为0.058、0.087、0.261、0.041、0.522，即表明五种因素对正向知识转移的影响程度由高到低依次为消费者参与、知识转移情境、知识特性、知识转移行为、知识整合能力。同理，反向知识转移考察学研机构转移意愿、复杂性、低碳文化竞争力、沟通解码能力、服务定制相同幅度变化对反向知识转移量的影响程度分别为0.004、0.006、0.018、0.003、0.036，即表明五种因素对反向知识转移的影响程度由高到低依次为消费者参与、知识转移情境、知识特性、知识转移行为、知识整合能力，与正向知识转移结论一致。

通过比较可知，五种因素对于低碳创新网络多主体协同创新正向和反向知识转移的重要性排序由高到低依次为消费者参与、知识转移情境、知识特性、知识转移行为、知识整合能力。消费者参与、知识转移行为、知识整合能力对知识转移均具有正向作用，消费者参与无论在正向知识转移和反向知识转移过程中相对于其他因素，都表现出了较强的正向作用，并且消费者参与中的服务定制对知识转移有更显著的影响；知识转移情境中的低碳文化竞争力和信任程度为正向影响，组织距离为负向影响，且低碳文化竞争力对知识转移影响效果更显著；知识特性则在正向知识转移和反向知识转移过程中均表现出负向作用，并且在正向知识转移过程中的负向作用更明显。

第五节　本章小结

本章主要对低碳创新网络多主体协同创新知识转移的系统动力学模型进行仿真分析。首先，分析了知识转移的内涵、过程以及影响因素；其次，构建了低碳创新网络多主体协同创新知识转移系统动力学模型，验证了模型的一致性、有效性、合理性；最后，研究了知识转移行为、知识特性、知识转移情境、知识整合能力、消费者参与对低碳创新网络多主体协同创新知识转移的影响效果。

第五章　低碳创新网络多主体协同创新决策机制

低碳创新网络多主体协同创新是一项系统工程，通常由企业、学研机构、政府、中介机构、金融机构以及用户多个主体共同参与实现。低碳协同创新是基于不同主体的低碳创新需求和资源优势，减少碳排放量，实现经济和环境可持续发展的重要途径。考虑到政府在低碳创新网络中对企业和学院机构进行低碳协同创新重要的支撑作用，结合本书研究目标，基于三螺旋理论，本章将研究对象聚焦于政府、企业以及学研机构。在低碳协同创新过程中，政府是低碳协同创新的组织者和领导者，为企业和学研机构进行低碳协同创新提供政策指引、监督管理、资金补贴，增强企业和学研机构进行低碳协同创新的抗风险能力，提高双方进行低碳协同创新的积极性和主动性；企业和学研机构是低碳协同创新两大核心主体，企业为低碳协同创新提供低碳创新资源保障，推动低碳创新成果转化、产出，学研机构是低碳创新知识和技术的主要来源，承担着重要的低碳创新研发工作，为低碳协同创新提供低碳创新智力、技术以及相关创新人才的支持。

低碳协同创新受到个体有限理性和不完全信息的影响，同时创新主体进行低碳协同创新的利益需求也有所区别，低碳协同创新主体的决策行为需要经过反复、多次的重复博弈才能产生，因此，本章结合演化博弈理论对低碳创新网络多主体协同创新决策机制进行分析，建立政府、企业、学研机构三方低碳协同创新决策演化博弈模型，仿真分析成本分摊系数、利益分配系数、政府激励和违约罚金变化对三方低碳协同创新决策演化结果的影响。

第一节　低碳创新网络多主体协同创新决策演化 博弈模型的构建

一、模型基本假设

本文为构建低碳创新网络中政府（G）、企业（E）、学研机构（S）的三方低碳协同创新决策演化博弈模型，分析各方策略和均衡点的稳定性以及各要素的影响关系，根据研究问题需要和演化博弈理论，作出如下假设：

假设1：政府可以参与到低碳协同创新中，为企业和学研机构提供低碳协同创新激励政策和监督管理，促进低碳协同创新有序进行，也可以选择不参与；企业和学研机构可以结合自身需求选择进行低碳协同创新，也可以选择不进行低碳协同创新。因此，各主体的行为策略是不断变化的，假设政府的策略集合为（参与，不参与）；企业和学研机构的策略集合均为（协同，不协同）。

假设2：政府参与低碳协同创新时，为促进企业和学研机构进行低碳协同创新会给予相关的激励政策和监督管理，其间产生的成本为C_1；政府不参与低碳协同创新时，企业和学研机构为了进行低碳协同创新而投入的人力、财力、物力等资源所产生的成本为C，当政府参与到企业和学研机构的低碳协同创新后，为促进企业和学研机构更好地进行低碳协同创新，将提供相应的政策支持，使企业和学研机构低碳协同创新成本减少s，则企业和学研机构总成本为$C-s$，企业与学研机构的成本分摊系数为a，$0 \leqslant a \leqslant 1$。

假设3：政府不参与低碳协同创新时，所获得的收益为R_1，政府选择参与时所获得的额外收益为Q_1。企业和学研机构进行低碳协同创新前的收益为R_2和R_3，当双方选择低碳协同创新时，带来的额外收益为Q_2，该部分的分配比例为b，$0 \leqslant b \leqslant 1$。同时，政府对积极进行低碳协同创新的企业给予碳减排补贴和税收优惠C_2，对积极进行低碳协同创新的学研机构提供低碳创新科研专项资金支持C_3。当学研机构选择低碳协同创新而企业选择单独研发时，企业获得的收益为r_1，当企业选择低碳协同创新而学研机构选择单独研发时，学研机构获得的收益为r_2。

假设4：在低碳协同创新过程中，企业和学研机构任何一方可能因为战略转移而中断合作，出现违约行为，需要支付F作为违约代价。

二、收益矩阵构建

博弈模型中，参与主体根据自身意愿进行策略选择，假设政府选择参与低碳协同创新的比例为x，则其选择不参与低碳协同创新的比例为$1-x$；企业选择进行低碳协同创新的比例为y，则其选择不进行低碳协同创新的比例为$1-y$；学研机构选择低碳协同创新的比例为z，则其选择不进行低碳协同创新的比例为$1-z$。其中，$0 \leq x \leq 1$，$0 \leq y \leq 1$，$0 \leq z \leq 1$。由政府、企业、学研机构可供选择的策略可知，三方之间的博弈策略组合共有八种：（参与A_1，协同B_1，协同D_1）、（参与A_1，协同B_1，不协同D_2）、（参与A_1，不协同B_2，协同D_1）、（参与A_1，不协同B_2，不协同D_2）、（不参与A_2，协同B_1，协同D_1）、（不参与A_2，不协同B_2，协同D_1）、（不参与A_2，协同B_1，不协同D_2）、（不参与A_2，不协同B_2，不协同D_2）。由此构建低碳创新网络中政府、企业、学研机构三方博弈收益矩阵，如表5-1所示。

基于假设可知，当政府选择参与低碳协同创新策略、企业选择低碳协同创新策略、学研机构选择低碳协同创新策略时，政府的收益为$R_1+Q_1-C_1-C_2-C_3$，企业的收益为$R_2+bQ_2-a(C-s)+C_2$，学研机构的收益为$R_3+(1-b)Q_2-(1-a)(C-s)+C_3$。同理可求得政府、企业和学研机构的其他几组博弈收益，如表5-2所示。

表5-1　政府、企业和学研机构三方博弈收益矩阵

	政府参与x		政府不参与（$1-x$）	
	学研机构协同 z	学研机构不协同 （$1-z$）	学研机构协同 z	学研机构不协同 （$1-z$）
企业协同y	A_1,B_1,D_1	A_1,B_1,D_2	A_2,B_1,D_1	A_2,B_1,D_2
企业不协同（$1-y$）	A_1,B_2,D_1	A_1,B_2,D_2	A_2,B_2,D_1	A_2,B_2,D_2

表5-2　政府、企业和学研机构的博弈收益

策略组合	政府收益	企业收益	学研机构收益
(A_1,B_1,D_1)	$R_1+Q_1-C_1-C_2-C_3$	$R_2+bQ_2-a(C-s)+C_2$	$R_3+(1-b)Q_2-(1-a)(C-s)+C_3$
(A_1,B_2,D_1)	$R_1+Q_1-C_1-C_3$	R_2+r_1-F	$R_3-(1-a)(C-s)+C_3+F$
(A_1,B_1,D_2)	$R_1+Q_1-C_1-C_2$	$R_2-a(C-s)+C_2+F$	R_3-F+r_2
(A_1,B_2,D_2)	$R_1+Q_1-C_1$	R_2	R_3
(A_2,B_1,D_1)	R_1	R_2+bQ_2-aC	$R_3+(1-b)Q_2-(1-a)C$
(A_2,B_2,D_1)	R_1	R_2-F+r_1	$R_3-(1-a)C+F$
(A_2,B_1,D_2)	R_1	R_2-aC+F	R_3-F+r_2
(A_2,B_2,D_2)	R_1	R_2	R_3

第二节　低碳创新网络多主体协同创新决策演化博弈模型稳定性分析

一、政府的策略稳定性分析

设政府选择参与低碳协同创新的期望收益为U_{11}，选择不参与低碳协同创新的期望收益为U_{12}，政府的平均收益为$\overline{U_1}$，则：

$$U_{11}=yz(R_1+Q_1-C_1-C_2-C_3)+(1-y)z(R_1+Q_1-C_1-C_3)+ \\ y(1-z)(R_1+Q_1-C_1-C_2)+(1-y)(1-z)(R_1+Q_1-C_1) \tag{5-1}$$

$$U_{12}=yzR_1+(1-y)zR_1+y(1-z)R_1+(1-y)(1-z)R_1 \tag{5-2}$$

$$\overline{U_1}=xU_{11}+(1-x)U_{12} \tag{5-3}$$

则政府的复制动态方程为：

$$F(x)=\frac{dx}{dt}=x(U_{11}-\overline{U_1})=x(1-x)(-C_2y-C_3z+Q_1-C_1) \tag{5-4}$$

对$F(x)$一阶求导可得：

$$\frac{dF(x)}{dx}=(1-2x)(-C_2y-C_3z+Q_1-C_1) \tag{5-5}$$

对政府的演化稳定策略进行分析，令$F(x)=0$，则：

①若$-C_2y-C_3z+Q_1-C_1=0$，即$y=\dfrac{-C_3z+Q_1-C_1}{C_2}$，此时$F(x)\equiv0$，表明无论$x$取任何值，博弈均为稳定状态。

②若$-C_2y-C_3z+Q_1-C_1\neq0$，令$F(x)=0$，得$x_1=0$，$x_2=1$是两个稳定策略。

根据演化博弈稳定策略的性质可知，要使政府达到稳定演化策略，需要满足$\dfrac{dF(x)}{dx}<0$，此时对$-C_2y-C_3z+Q_1-C_1$的不同情况进行分析：

当$-C_2y-C_3z+Q_1-C_1>0$时，即$y<\dfrac{-C_3z+Q_1-C_1}{C_2}$时，$\left.\dfrac{dF(x)}{dx}\right|_{x=1}<0$，$\left.\dfrac{dF(x)}{dx}\right|_{x=0}>0$，此时$x=1$为稳定策略，政府倾向于选择参与低碳协同创新。

当$-C_2y-C_3z+Q_1-C_1<0$时，即$y>\dfrac{-C_3z+Q_1-C_1}{C_2}$时，$\left.\dfrac{dF(x)}{dx}\right|_{x=0}<0$，$\left.\dfrac{dF(x)}{dx}\right|_{x=1}>0$，此时$x=0$为稳定策略，政府倾向于选择不参与低碳协同创新。

根据上述条件可绘制政府行为选择策略的演化过程，如图5-1所示。

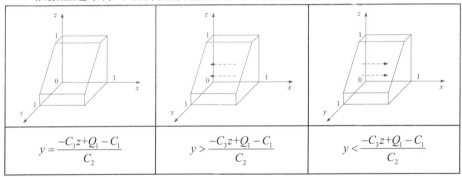

图5-1　政府行为选择策略的演化过程

二、企业的策略稳定性分析

设企业选择进行低碳协同创新的期望收益为U_{21}，选择不进行低碳协同创新的期望收益为U_{22}，企业的平均收益为$\overline{U_2}$，则：

$$U_{21} = xz[R_2 + bQ_2 - a(C-s) + C_2] + x(1-z)[R_2 - a(C-s) + C_2 + F]$$
$$+ (1-x)z(R_2 + bQ_2 - aC) + (1-x)(1-z)(R_2 - aC + F)$$

$$（5-6）$$

$$U_{22} = xz(R_2 + r_1 - F) + x(1-z)R_2 + (1-x)z(R_2 - F + r_1) + (1-x)(1-z)R_2$$

$$（5-7）$$

$$\overline{U_2} = yU_{21} + (1-y)U_{22}$$

$$（5-8）$$

则企业的复制动态方程为：

$$F(y) = \frac{dy}{dt} = y(U_{21} - \overline{U_2}) = y(1-y)[(as + C_2)x + (bQ_2 - r_1)z - aC + F]$$

$$（5-9）$$

对$F(y)$一阶求导可得：

$$\frac{dF(y)}{dy} = (1-2y)[(as + C_2)x + (bQ_2 - r_1)z - aC + F]$$

$$（5-10）$$

对企业的演化稳定策略进行分析，令$F(y)=0$，则：

①若$(as+C_2)x+(bQ_2-r_1)z-aC+F=0$，即$z = \dfrac{aC - F - (as+C_2)x}{(bQ_2 - r_1)}$，此时$F(y)\equiv 0$，表明无论$y$取任何值，博弈均为稳定状态。

②若$(as+C_2)x+(bQ_2-r_1)z-aC+F\neq 0$，令$F(y)=0$，得$y_1=0$，$y_2=1$是两个稳定策略。

根据演化博弈稳定策略的性质可知，要使企业达到稳定演化策略，需要满足$\dfrac{dF(y)}{dy}<0$，此时对$(as+C_2)x+(bQ_2-r_1)z-aC+F$的不同情况进行分析：

当$(as+C_2)x+(bQ_2-r_1)z-aC+F>0$时，即$z>\dfrac{aC-F-(as+C_2)x}{(bQ_2-r_1)}$时，$\left.\dfrac{dF(y)}{dy}\right|_{y=1}<0$，$\left.\dfrac{dF(y)}{dy}\right|_{y=0}>0$，此时$y=1$为稳定策略，企业倾向于进行低碳协同创新。

当$(as+C_2)x+(bQ_2-r_1)z-aC+F<0$时，即$z<\dfrac{aC-F-(as+C_2)x}{(bQ_2-r_1)}$时，

$\left.\dfrac{dF(y)}{dy}\right|_{y=0} < 0$，$\left.\dfrac{dF(y)}{dy}\right|_{y=1} > 0$，此时$y=0$为稳定策略，企业倾向于不进行低碳协同创新。

根据上述条件可绘制企业行为选择策略的演化过程，如图5-2所示。

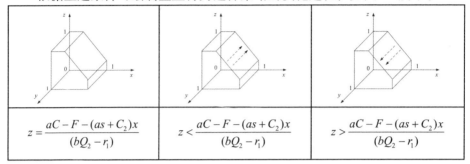

$z = \dfrac{aC - F - (as + C_2)x}{(bQ_2 - r_1)}$	$z < \dfrac{aC - F - (as + C_2)x}{(bQ_2 - r_1)}$	$z > \dfrac{aC - F - (as + C_2)x}{(bQ_2 - r_1)}$

图5-2　企业行为选择策略的演化过程

三、学研机构的策略稳定性分析

设学研机构选择进行低碳协同创新的期望收益为U_{31}，选择不进行低碳协同创新的期望收益为U_{32}，学研机构的平均收益为$\overline{U_3}$，则：

$$\begin{aligned}
U_{31} = &\, xy[R_3 + (1-b)Q_2 - (1-a)(C-s) + C_3] + \\
&\, x(1-y)[R_3 - (1-a)(C-s) + C_3 + F] + \\
&\, (1-x)y[R_3 + (1-b)Q_2 - (1-a)C] + \\
&\, (1-x)(1-y)[R_3 - (1-a)C + F]
\end{aligned} \tag{5-11}$$

$$U_{32} = xy[R_3 - F + r_2] + x(1-y)R_3 + (1-x)y(R_3 - F + r_2) + (1-x)(1-y)R_3 \tag{5-12}$$

$$\overline{U_3} = zU_{31} + (1-z)U_{32} \tag{5-13}$$

则学研机构的复制动态方程为：

$$\begin{aligned}
F(z) = \dfrac{dz}{dt} &= z(U_{31} - \overline{U_3}) \\
&= z(1-z)[(s - as + C_3)x + (Q_2 - bQ_2 - r_2)y - (1-a)C + F]
\end{aligned} \tag{5-14}$$

对$F(z)$一阶求导可得：

$$\frac{dF(z)}{dz} = (1-2z)[(s-as+C_3)x+(Q_2-bQ_2-r_2)y-(1-a)C+F]\quad（5-15）$$

对学研机构的演化稳定策略进行分析，令F(z)=0，则：

①若$(s-as+C_3)x+(Q_2-bQ_2-r_2)y-(1-a)C+F=0$时，

即$x=\dfrac{-(Q_2-bQ_2-r_2)y+(1-a)C-F}{(s+C_3-as)}$，此时$F(z)\equiv0$，表明无论z取任何

值，博弈均为稳定状态。

②若$(s-as+C_3)x+(Q_2-bQ_2-r_2)y-(1-a)C+F\neq0$，令F(z)=0，得$z_1=0$，$z_2=1$是两

个稳定策略。

根据演化博弈稳定策略的性质可知，要使学研机构达到稳定演化策略，需要

满足$\dfrac{dF(z)}{dz}<0$，此时对$(s-as+C_3)x+(Q_2-bQ_2-r_2)y-(1-a)C+F$的不同情况进行分析：

当$(s-as+C_3)x+(Q_2-bQ_2-r_2)y-(1-a)C+F>0$时，

即$x>\dfrac{-(Q_2-bQ_2-r_2)y+(1-a)C-F}{(s+C_3-as)}$时，$\left.\dfrac{dF(z)}{dz}\right|_{z=1}<0$，$\left.\dfrac{dF(z)}{dz}\right|_{z=0}>0$，

此时z=1为稳定策略，学研机构倾向于进行低碳协同创新。

当$(s-as+C_3)x+(Q_2-bQ_2-r_2)y-(1-a)C+F<0$时，

即$x<\dfrac{-(Q_2-bQ_2-r_2)y+(1-a)C-F}{(s+C_3-as)}$时，$\left.\dfrac{dF(z)}{dz}\right|_{z=0}<0$，$\left.\dfrac{dF(z)}{dz}\right|_{z=1}>0$，

此时z=0为稳定策略，学研机构倾向于不进行低碳协同创新。

根据上述条件可绘制学研机构行为选择策略的演化过程，如图5-3所示。

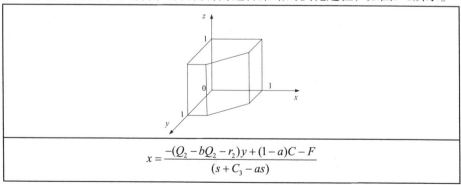

$$x=\frac{-(Q_2-bQ_2-r_2)y+(1-a)C-F}{(s+C_3-as)}$$

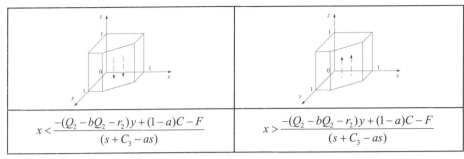

$x < \dfrac{-(Q_2 - bQ_2 - r_2)y + (1-a)C - F}{(s + C_3 - as)}$	$x > \dfrac{-(Q_2 - bQ_2 - r_2)y + (1-a)C - F}{(s + C_3 - as)}$

图5-3 学研机构行为选择策略的演化过程

基于上述三方演化博弈模型稳定性分析可知，政府的演化稳定状态受企业和学研机构选择低碳协同创新策略的比例y和z变化的影响；企业的演化稳定状态受政府选择参与低碳协同创新策略的比例x和学研机构选择低碳协同创新策略的比例z变化的影响；学研机构的演化稳定状态受政府选择参与低碳协同创新策略的比例x和企业选择低碳协同创新策略的比例y变化的影响。即在政府、企业和学研机构进行低碳协同创新演化博弈过程中，任何一个主体的演化稳定状态会受到另外两个主体策略选择的影响。另外，也可以通过调整其他参数使三方博弈主体最终演化到相对理想的稳定状态。以（参与A_1，协同B_1，协同D_1）为例：

当$y < \dfrac{-C_3 z + Q_1 - C_1}{C_2}$时，$x$的取值趋近于1，表示政府倾向于参与低碳协同创新策略。可以通过增加政府参与低碳协同创新获得的额外收益Q_1，减少为促进企业和学研机构进行低碳协同创新产生的成本C_1，都将提高政府选择参与低碳协同创新的积极性。

当$z > \dfrac{aC - F - (as + C_2)x}{(bQ_2 - r_1)}$时，$y$的取值趋近于1，表示企业倾向于选择低碳协同创新策略。可以通过减少企业和学研机构为了进行低碳协同创新的成本C，增加企业违约罚金F，减少企业进行低碳协同创新的成本分摊系数a，增加政府提供的产学研低碳协同创新政策支持产生的低碳协同创新成本减少量s，增加政府给予参与低碳协同创新企业的碳减排补贴和税收优惠C_2，减少企业选择单独研发获得的收益为r_1，增加企业参与低碳协同创新获得的额外收益Q_2，增加利益分配系数b，都将提高企业选择低碳协同创新的积极性。

当 $x > \dfrac{-(Q_2 - bQ_2 - r_2)y + (1-a)C - F}{(s + C_3 - as)}$ 时，z 的取值趋近于1，表示学院机
构倾向于选择低碳协同创新策略。可以通过增加政府提供的产学研低碳协同
创新政策支持产生的低碳协同创新成本减少量 s，增加政府给予参与低碳协同
创新学研机构的低碳创新科研专项资金支持 C_3，增加企业违约罚金 F，减少
企业和学研机构为了进行低碳协同创新的成本 C，都将提高学研机构选择低
碳协同创新的积极性。

四、博弈均衡分析

联立式（5-4）、式（5-9）、式（5-14），可以得到由政府、企业、学
研机构三方主体构成的复制动态系统：

$$\begin{cases} F(x) = x(1-x)(-C_2 y - C_3 z + Q_1 - C_1) \\ F(y) = y(1-y)[(as + C_2)x + (bQ_2 - r_1)z - aC + F] \\ F(z) = z(1-z)[(s - as + C_3)x + (Q_2 - bQ_2 - r_2)y - (1-a)C + F] \end{cases} \quad （5-16）$$

根据Friedman的方法[216]可知，可以根据复制动态系统的雅克比矩阵的局
部稳定性确定该系统的演化稳定策略，由式（5-16）可知该系统的雅克比矩
阵为：

$$J = \begin{bmatrix} J_{11} & J_{12} & J_{13} \\ J_{21} & J_{22} & J_{23} \\ J_{31} & J_{32} & J_{33} \end{bmatrix} \quad （5-17）$$

式中，$J_{11} = (1-2x)(-C_2 y - C_3 z + Q_1 - C_1)$；$J_{12} = -x(1-x)C_2$；

$J_{13} = -x(1-x)C_3$；$J_{21} = y(1-y)(as + C_2)$；

$J_{22} = (1-2y)\big[(as + C_2)x + (bQ_2 - r_1)z - aC + F\big]$；$J_{23} = y(1-y)(bQ_2 - r_1)$；

$J_{31} = z(1-z)(s - as + C_3)$；$J_{32} = z(1-z)[(1-b)Q_2 - r_2]$；

$J_{33} = (1-2z)[(s - as + C_3)x + (Q_2 - bQ_2 - r_2)y - (1-a)C + F]$。

为求得政府、企业和消费者三方演化博弈的均衡点，令复制动态系统
中的 $F(x)=0$，$F(y)=0$，$F(z)=0$，对式（5-16）求解，可得8个局部均衡点，分

别为 $E_1(1,1,1)$，$E_2(1,0,1)$，$E_3(1,1,0)$，$E_4(1,0,0)$，$E_5(0,1,1)$，$E_6(0,0,1)$，$E_7(0,1,0)$，$E_8(0,0,0)$。将以上8个局部均衡点分别代入雅克比矩阵中，可以得到各均衡点的特征值，如表5-3所示。根据李雅普诺夫间接法可知，当雅克比矩阵中的特征值均为负时，该均衡点即为系统的演化稳定点[217]。

表5-3 雅克比矩阵的特征值

均衡点	特征值		
	λ_1	λ_2	λ_3
$E_1(1,1,1)$	$-(Q_1-C_1-C_2-C_3)$	$-(as+C_2+bQ_2-r_1-aC+F)$	$-\left[\begin{array}{l}(1-a)s+C_3+(1-b)Q_2-\\r_2-(1-a)C+F\end{array}\right]$
$E_2(1,0,1)$	$-(Q_1-C_1-C_3)$	$as+C_2+bQ_2-r_1-aC+F$	$-[(1-a)s+C_3-(1-a)C+F]$
$E_3(1,1,0)$	$-(Q_1-C_1-C_2)$	$-(as+C_2-aC+F)$	$\left[\begin{array}{l}(1-a)s+C_3+(1-b)Q_2-\\r_2-(1-a)C+F\end{array}\right]$
$E_4(1,0,0)$	$-(Q_1-C_1)$	$as+C_2-aC+F$	$(1-a)s+C_3-(1-a)C+F$
$E_5(0,1,1)$	$Q_1-C_1-C_2-C_3$	$-(bQ_2-r_1-aC+F)$	$-[(1-b)Q_2-r_2-(1-a)C+F]$
$E_6(0,0,1)$	$Q_1-C_1-C_3$	bQ_2-r_1-aC+F	$-[-(1-a)C+F]$
$E_7(0,1,0)$	$Q_1-C_1-C_2$	$-(-aC+F)$	$(1-b)Q_2-r_2-(1-a)C+F$
$E_8(0,0,0)$	Q_1-C_1	$-aC+F$	$-(1-a)C+F$

由于复制动态系统的雅克比矩阵特征值中涉及的影响因素较多，且各参数的变化会对复制动态系统的演化稳定产生较大影响。为研究复制动态系统的演化稳定，且不失一般性，本研究首先假定相应参数满足特定条件：$Q_1-C_1-C_2-C_3>0$、$as+C_2+bQ_2-r_1-aC+F>0$、$(1-a)s+C_3+(1-b)Q_2-r_2-(1-a)C+F>0$。通过观察表5-3可知，均衡点 E_1 的三个特征值均为负，则该点（1，1，1）为渐进稳定点，对应的演化策略为（参与，协同，协同），此时政府参与低碳协同创新获得的额外收益大于其为促进企业和学研机构进行低碳协同创新产生的成本与对积极进行低碳协同创新的企业给予碳减排补贴和税收优惠以及对学研机构提供的低碳创新科研专项资金之和，企业进行低碳协同创新获得的额外收益与政府给予的碳减排补贴和税收优惠之和减去其进行低碳协同创新的成本大于其单独研发获得的收益与违约罚金之差，同理，学研机构进行低碳协同创新获得的额外收

益与政府给予的低碳创新科研专项资金之和减去其进行低碳协同创新的成本大于其单独研发获得的收益与违约罚金之差；均衡点E_2、E_3、E_5、E_6、E_7、E_8的三个特征值中，至少存在一个为正的特征值，得出这些均衡点不是渐进稳定点；对于均衡点E_4需要进一步讨论，当$as+C_2-aC+F<0$且$(1-a)s+C_3-(1-a)C+F<0$时，则$E_4(1,0,0)$为渐进稳定点，对应的演化策略为（参与，不协同，不协同），即在政府参与低碳协同创新的条件下，企业进行低碳协同创新的成本大于学研机构不进行低碳协同创新向企业支付的违约罚金与政府给予企业进行低碳协同创新的碳减排补贴和税收优惠之和，学研机构进行低碳协同创新的成本大于企业不进行低碳协同创新向学研机构支付的违约罚金与政府给予学研机构进行低碳创新科研专项资金之和。

基于上述分析可知，$E_1(1,1,1)$和$E_4(1,0,0)$是政府、企业和学研机构三方演化博弈复制动态系统的两个渐进稳定点，其中$E_4(1,0,0)$这一演化结果可能出现在政府、企业和学研机构进行低碳协同创新初期，政府积极参与到低碳协同创新过程中，发挥引导角色，为促进企业和学研机构进行低碳协同创新提供政策和资金支持，而企业和学研机构处于低碳协同创新接触阶段，可能由于双方不了解彼此的利益诉求，最终导致双方不进行低碳协同创新。在政府的努力下，企业和学研机构经过多次磨合，双方进行低碳协同创新的意愿逐渐增强，最终收敛于$E_1(1,1,1)$。从整个低碳协同创新过程来看，$E_1(1,1,1)$是符合实际的，就目前而言，低碳协同创新离不开政府的引导和监管，政府参与到低碳协同创新中，进行低碳协同创新政策引导和资金支持，企业和学研机构进行低碳协同创新，学研机构主要负责开展低碳创新研发工作，企业积极将低碳创新技术和服务运用到低碳创新产品生产和推广中。

第三节 各因素对低碳创新网络多主体协同创新决策演化结果的影响

本节利用数值仿真方法重点分析成本分摊系数、利益分配系数、政府激励以及违约罚金的变化对低碳创新网络中政府、企业和学研机构三方低碳协同创新决策演化结果的影响。由前文可知参数的赋值必须满足Q_1-C_1-

$C_2-C_3>0$且$as+C_2+bQ_2-r_1-aC+F>0$且$(1-a)s+C_3+(1-b)Q_2-r_2-(1-a)C+F>0$。

假设博弈模型中各参数的初始值设定如下:

三方博弈主体策略初始化比例为$x=y=z=0.5$,$Q_1=25$,$C_1=5$,$C_2=8$,$C_3=10$,$a=0.5$,$s=8$,$b=0.5$,$Q_2=85$,$r_1=25$,$C=45$,$F=5$,$r_2=30$。

一、成本分摊系数对演化结果的影响

图5-4是在其他参数不变的情况下,成本分摊系数a的变化对低碳创新网络中政府、企业和学研机构三方低碳协同创新决策演化结果影响的仿真。由图5-4可以看出,当成本分摊系数a为0.1和0.9时,此时由于设置的成本分摊系数不合理,学研机构和企业中一方会选择不进行低碳协同创新,政府选择参与低碳协同创新;当成本分摊系数a调整到0.3、0.5、0.7时,成本分摊系数设置更公平、合理,政府、企业和学研机构都选择低碳协同创新,此时x,y,z收敛于1,最终平衡点趋向于(1,1,1)。进一步分析可知,当成本分摊系数设置为0.3和0.7时,学研机构和企业中一方会由于成本付出较多,而使收敛速度小于另一方,但最终都收敛于1,政府仍然选择参与低碳协同创新;当成本分摊系数调整为0.5,此时政府选择参与低碳协同创新,企业和学研机构更能够接受,二者的收敛速度更趋于一致,也更加平稳。

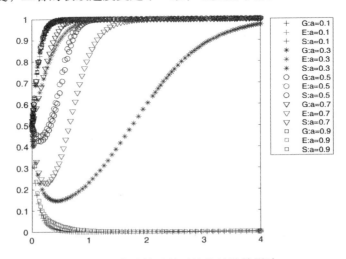

图5-4 成本分摊系数对演化结果的影响

可见设置不合理、不公平的成本分摊系数，会破坏低碳协同创新系统的稳定性，最终导致企业和学研机构中付出成本较多的一方会由于自身利益受损，获得利润较少，而不愿意进行低碳协同创新。因此，科学设置成本分摊系数有利于保持低碳协同创新系统的稳定性，促进政府、企业、学研机构三方主体建立长期、稳定的低碳创新合作关系。

二、利益分配系数对演化结果的影响

图5-5是在其他参数不变的情况下，企业和学研机构的利益分配系数b变化对低碳创新网络中政府、企业和学研机构三方低碳协同创新决策演化结果影响的仿真。由图5-5可知，当企业和学研机构的利益分配系数设置为0.1、0.3、0.7和0.9时，企业和学研机构的收敛轨迹并不稳定，y，z收敛于0，x收敛于1，企业和学研机构选择不进行低碳协同创新，政府选择参与低碳协同创新，最终平衡点趋向于（1，0，0）；当企业和学研机构的利益分配系数设置为0.5时，企业和学研机构会选择进行低碳协同创新，政府仍然选择参与低碳协同创新，企业和学研机构的收敛速度基本一致，x，y，z均收敛于1，最终平衡点趋向于（1，1，1），三方均选择低碳协同创新。

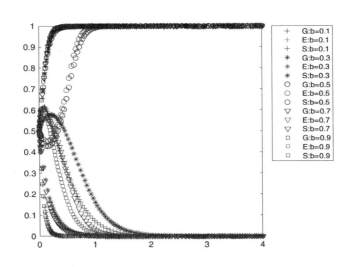

图5-5　利益分配系数对演化结果的影响

仿真结果表明，企业和学研机构的最终策略选择会受到利益分配系数的影响，设置合理的利益分配系数有利于提高二者低碳协同创新的稳定性，政府始终选择参与低碳协同创新。为了保证利益分配更加合理和公平，在进行低碳协同创新时，利益分配系数设置接近于0.5，企业和学研机构都能够接受，最终二者都将会选择低碳协同创新，否则，会由于各自不满意利益分配比例，导致其不进行低碳协同创新。因此，科学、合理地设置利益分配系数，既能满足单个主体的合理需求，又能优化整体利益，还可以提高创新主体低碳协同创新意愿，对促进低碳协同创新有积极作用[218]。

三、政府激励对演化结果的影响

政府对企业和学研机构进行低碳协同创新的激励机制主要体现在三个方面，一是为促进企业和学研机构进行低碳协同创新，提供相应的产学研低碳协同创新政策支持；二是对企业提供碳减排补贴和税收优惠支持；三是对学研机构提供低碳创新科研专项资金支持。

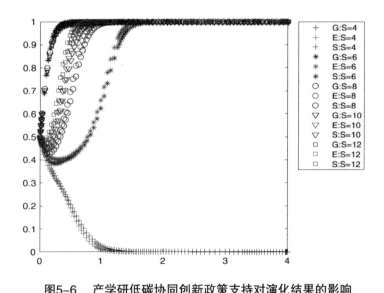

图5-6　产学研低碳协同创新政策支持对演化结果的影响

图5-6是在其他参数不变的情况下，政府为促进企业和学研机构进行低碳协同创新给予政策支持，产生的产学研低碳协同创新成本减少量 s 变化对

企业和学研机构进行低碳协同创新决策演化结果影响的仿真。由图5-6可以看出，当政府参与低碳协同创新，将 s 设置为4时，企业和学研机构都倾向于不进行低碳协同创新，x收敛于1，y，z收敛于0，最终平衡点趋向于（1，0，0）；将 s 增加为6时，企业和学研机构都会选择进行低碳协同创新，x，y，z均收敛于1，最终平衡点趋向于（1，1，1）。随着政府提供的产学研低碳协同创新政策支持力度的增加，将 s 增加到8，10，12时，企业和学研机构收敛于1的速度逐渐加快，其中企业收敛于1的速度一直高于学研机构。

　　仿真结果表明，政府提供的产学研低碳协同创新政策的增加会影响企业和学研机构的演化策略选择，对企业的影响效果大于学研机构。这是由于当政府参与低碳协同创新时，为促进企业和学研机构进行低碳协同创新，将提供相应的政策支持，从而降低企业和学研机构进行低碳协同创新的成本，而企业对于利益更加敏感，所以产学研低碳协同创新政策变化对企业的影响效果更显著。

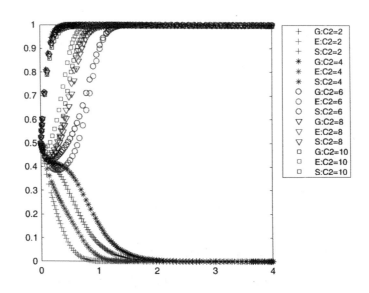

图5-7　政府碳减排补贴和税收优惠对演化结果的影响

　　图5-7是在其他参数不变的情况下，政府为企业提供的碳减排补贴和税收优惠 C_2 变化对企业和学研机构进行低碳协同创新决策演化结果影响的仿真。由图5-7可以看出，当政府参与低碳协同创新时，将碳减排补贴和税收优惠设置为2和4时，企业和学研机构都倾向于不进行低碳协同创新，x收敛于1，y，z

收敛于0，最终平衡点趋向于（1，0，0），其中企业收敛于0的速度大于学研机构；将碳减排补贴和税收优惠增加到6时，企业和学研机构都倾向于进行低碳协同创新，x，y，z收敛于1；进一步将碳减排补贴和税收优惠增加到8时，企业和学研机构都会选择低碳协同创新，x，y，z收敛于1，最终平衡点趋向于（1，1，1），此时企业收敛于1的速度高于学研机构。随着政府对企业碳减排补贴和税收优惠的增加，企业的收敛速度将逐渐高于学研机构。

仿真结果表明，政府碳减排补贴和税收优惠的增加会影响企业和学研机构的演化策略选择，并且对企业的影响效果大于学研机构。这是由于当政府参与低碳协同创新时，会为企业提供一定的碳减排政策支持，减少企业进行低碳协同创新的成本。

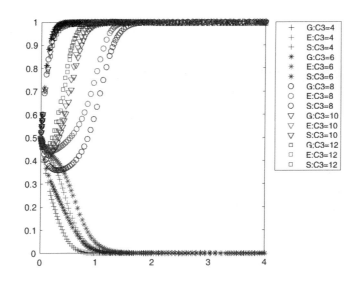

图5-8 政府低碳创新科研专项资金对演化结果的影响

图5-8是在其他参数不变的情况下，政府对学研机构提供低碳创新科研专项资金支持C_3变化对企业和学研机构低碳协同创新决策演化结果影响的仿真。由图5-8可以看出，当政府参与低碳协同创新，将低碳创新科研专项资金支持设置为4和6时，企业和学研机构都倾向于不进行低碳协同创新，此时，x收敛于1，y，z收敛于0，最终平衡点趋向于（1，0，0）；将低碳创新科研专项资金增加到8和10时，企业和学研机构都倾向于进行低碳协同创

新，x，y，z收敛于1，最终平衡点趋向于（1，1，1）；进一步将低碳创新科研专项资金增加到12时，政府，企业和学研机构都会选择低碳协同创新，x，y，z收敛于1，最终平衡点趋向于（1，1，1），此时学研机构收敛于1的速度高于企业。随着政府对学研机构提供的低碳创新科研专项资金的增加，学研机构的收敛于1的速度将逐渐高于企业。

　　仿真结果表明，政府对学研机构提供的低碳创新科研专项资金的增加会影响企业和学研机构的演化策略选择，并且对学研机构的影响效果大于企业。这是由于当政府参与低碳协同创新时，会为学研机构提供一定的低碳创新科研专项资金支持，减少学研机构进行低碳协同创新的成本。

　　通过上述分析可知，政府参与到低碳协同创新时，会为企业和学研机构提供一定的低碳协同创新政策、资金支持，减少企业和学研机构低碳协同创新成本，此时企业和学研机构只需要支付更少的成本，就能够获得较大的收益，这样企业和学研机构更愿意选择进行低碳协同创新。

四、违约罚金对演化结果的影响

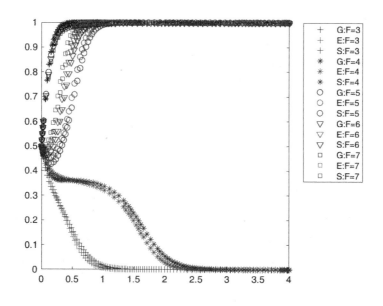

图5-9　违约罚金对演化结果的影响

图5-9是在其他参数不变的情况下，违约罚金F变化对低碳创新网络中政府、企业和学研机构三方低碳协同创新决策演化结果影响的仿真。由图5-9可以看出，当违约罚金设置较低为3和4时，企业和学研机构都倾向于不进行低碳协同创新，政府选择参与低碳协同创新，此时，x收敛于1，y，z收敛于0，最终平衡点趋向于（1，0，0）；当违约金增加到5时，政府、企业和学研机构都会选择低碳协同创新，x，y，z收敛于1，最终平衡点趋向于（1，1，1），并且随着违约罚金的增加，企业和学研机构达到稳定状态的收敛速度在加快，企业的收敛速度一直高于学研机构。由此可以得出，违约罚金的变化对政府没有影响，政府始终选择参与低碳协同创新，但可以影响企业和学研机构低碳协同创新的稳定性，增加违约罚金可以增强二者参与低碳协同创新的意愿，并且惩罚力度对企业的策略选择影响效果更明显。这是由于企业进行低碳协同创新活动的主要目的是追求利益最大化，一旦出现对企业不利的现象，企业会立即改变其策略选择。当违约罚金较小时，企业不进行低碳协同创新的可能性高于学研机构。当违约罚金逐渐加大时，企业和学研机构都会选择进行低碳协同创新，并且企业的收敛速度高于学研机构。

因此，企业和学研机构进行低碳协同创新时，设置违约罚金对二者隐藏的违约行为具有一定的震慑作用，较高的违约罚金有利于抑制企业、学研机构破坏契约精神，背叛行为的发生，而较低的违约罚金无法抑制企业和学研机构合作过程中背叛行为的出现。

第四节　本章小结

本章建立了低碳创新网络中政府、企业和学研机构组成的三方低碳协同创新决策演化博弈模型，分别讨论了不同情形下均衡点稳定性，通过数值仿真方法重点研究了成本分摊系数、利益分配系数、政府激励和违约罚金参数变化对低碳创新网络中政府、企业和学研机构三方低碳协同创新决策演化结果的影响。

第六章　低碳创新网络多主体协同
创新评价机制

为了解低碳创新网络多主体协同创新水平，促进低碳创新网络多主体紧密合作，充分创造低碳创新成果，需对低碳创新网络多主体协同创新进行评价、分析以及总结。本章基于指标体系构建原则，结合低碳创新网络内涵和协同创新理论，从低碳创新网络多主体协同创新投入、协同创新合作、协同创新产出、协同创新辅助条件四个维度构建低碳创新网络多主体协同创新评价指标体系，运用直觉模糊综合评价方法对京津冀、长三角、长江中游、珠三角和成渝5个典型区域的13个省（直辖市）的低碳创新网络多主体协同创新评价进行实证分析。

第一节　低碳创新网络多主体协同创新评价指标体系设计

一、评价指标体系设计原则

低碳创新网络多主体协同创新评价是对低碳创新网络中多个主体之间交互形成的整体效果的评价，具有多主体参与、多要素流动等多属性决策特征。评价过程更加系统化、复杂化，需要考虑的因素应更加具体、全面，构建一个科学、系统的指标体系对低碳创新网络多主体协同创新进行评价。本文在建立低碳创新网络多主体协同创新评价指标体系时，遵循了以下原则。

（一）科学性原则

低碳创新网络多主体协同创新评价指标体系应该建立在科学的理论基础上，选取的指标可以真实反映低碳创新网络多主体协同创新实际发展水平，便于评价对象之间的比较，从科学的角度分析各自的优点和不足之处，从而提升低碳创新网络多主体协同创新水平。

（二）系统性原则

低碳创新网络多主体协同创新是一个抽象的概念，受多种因素影响，所以在建立评价指标体系时，选取的评价指标应该可以全面、系统地体现出评价对象的整体情况。

（三）可行性原则

对低碳创新网络多主体协同创新进行量化评价时，评价指标的选取需要考虑评价指标数据的可获得性，能够通过一定方法和途径获得，便于评价方法的计算，使评价顺利完成。

（四）可比性原则

在对低碳创新网络多主体协同创新进行评价时，选取的评价指标是衡量评价结果的关键，同一指标对所有评价对象衡量标准应该是一样的，对评价指标量化时的口径应该一致，方便进行计算与比较。

二、评价指标选取

低碳创新网络是一个由多种要素构成的复杂系统，在进行低碳协同创新过程中涉及多项指标。现有研究主要从协同创新投入和产出角度对协同创新效率进行评价[102, 103]，也有学者认为协同创新投入、协同创新产出、协同创新环境支撑是协同创新评价的主要维度[219]，但忽视了协同创新过程中主体之间协同合作对协同创新的影响。因此，本研究在参考《中国区域创新能力监测报告》《中国区域创新能力评价报告》以及已有文献[4, 189, 220]研究成果的基础上，遵循科学性、系统性、可行性和可比性等原则，结合低碳创新网络内涵和协同创新理论，从低碳创新网络多主体协同创新投入、协同创新合作、协同创新产出、协同创新辅助条件四个维度，构建出低碳创新网络多主体协同创新评价指标体系。

低碳创新网络多主体协同创新投入是低碳创新网络中主体进行低碳协同创新的基础和前提；低碳创新网络多主体协同创新合作是促进低碳创新网络多主体协同创新的推动力；低碳创新网络多主体协同创新产出是低碳创新网络多主体协同创新效果的直接体现；低碳创新网络多主体协同创新辅助条件为低碳

创新网络中主体开展低碳协同创新活动能够顺利实现提供支持与保障。低碳创新网络多主体协同创新投入、协同创新合作、协同创新产出、协同创新辅助条件四个维度指标相互作用，共同影响低碳创新网络多主体协同创新。

（一）低碳创新网络多主体协同创新投入评价指标体系

低碳创新网络多主体协同创新投入主要指低碳创新网络中政府、企业、学研机构等创新主体在低碳协同创新过程中投入的人力资本、科教经费和能源投入等各种要素的质量和数量，是创新主体顺利进行低碳协同创新活动的前提条件。如果缺乏协同创新投入，低碳创新网络多主体协同创新将缺乏创新动力，低碳创新网络多主体协同创新水平将难以提升。本文利用低碳创新网络中协同创新主体规模、科教经费投入、能源投入等指标衡量低碳创新网络多主体协同创新投入。

（二）低碳创新网络多主体协同创新合作评价指标体系

低碳创新网络多主体协同创新实现的关键是参与低碳协同创新的主体之间相互合作，主体之间低碳协同创新合作效果的好坏直接影响低碳协同创新最终结果。加强低碳创新网络中创新主体之间的合作，整合创新资源，实现利益共享，是推动低碳创新网络多主体协同创新的重要力量。本文通过R&D经费内部支出资金来源和R&D经费外部支出去向反映低碳创新网络中政府、企业、高校和研究机构之间的协同合作关系。

（三）低碳创新网络多主体协同创新产出评价指标体系

低碳创新网络多主体协同创新产出是创新主体进行低碳协同创新活动的最终表现形式和效果。本文从期望产出成果和非期望产出成果两个方面衡量低碳创新网络多主体协同创新产出效果，其中期望产出成果表现为低碳创新网络多主体协同创新技术共享能力、知识转移能力、经济效益和知识成果，非期望产出成果表现为产出的环境污染物。

参考徐建中等（2021）[4]、王雅洁等（2022）[221]的做法，选取技术输出地域合同金额、技术流向地域合同金额、高等院校专利所有权转让及许可收入、研究机构专利所有权转让及许可收入、国外技术引进合同金额、技术市场成交额、新产品销售收入、低碳专利申请量、国外三大检索工具收录科技论文数、二氧化碳排放量构成低碳创新网络多主体协同创新产出评价指标体系。其中，技术输出地域合同金额、技术流向地域合同金额反映了低碳创新网络多主体协同创新技术共享能力是期望产出成果；高等院校专利所有权转让及许可收入、研究机构专利所有权转让及许可收入反映了低碳创新网络多主体协同创新知识转移能力是期望产出成果；国外技术引进合同金额、技术市场成交额、新产品销售收入为低碳协同创新收益和经济价值的体现是期望产出成果；低碳专利申请量、国外三大检索工具收录科技论文数为低碳协同创新知识成果是期望产出成果；二氧化碳排放量是非期望产出成果。

（四）低碳创新网络多主体协同创新辅助条件评价指标体系

低碳创新网络多主体协同创新辅助条件为低碳创新网络中创新主体进行低碳协同创新提供重要支持和保障，可以通过地区经济、社会发展水平反映。本文选取地区生产总值、外商投资企业投资总额、金融机构贷款余额反映地区经济发展水平；选取互联网宽带接入端口、大专以上学历人口数反映地区社会发展水平。

（五）低碳创新网络多主体协同创新总体评价指标体系

通过上述分析，本文构建出以低碳创新网络多主体协同创新投入、协同创新合作、协同创新产出、协同创新辅助条件为准则层的4个一级指标和35个二级指标的低碳创新网络多主体协同创新评价指标体系，具体如表6-1所示。

表6-1 低碳创新网络多主体协同创新总体评价指标体系

目标层	准则层	指标层	指标方向	单位
低碳创新网络多主体协同创新评价	协同创新投入I	有研究与试验发展（R&D）活动的规模以上工业企业数I_1	+	个
		规上工业企业R&D人员全时当量I_2	+	万人年
		研究与开发机构数I_3	+	个
		研究与开发机构（R&D）人员全时当量I_4	+	万人年
		高等学校数I_5	+	个
		高等学校（R&D）人员全时当量I_6	+	万人年
		财政科学技术支出I_7	+	亿元
		财政教育支出I_8	+	亿元
		能源消费总量I_9	–	万吨标准煤

续表

目标层	准则层	指标层	指标方向	单位
低碳创新网络多主体协同创新评价	协同创新合作C	规上工业企业R&D经费内部支出中的政府资金C_1	+	万元
		高校R&D经费内部支出中的政府资金C_2	+	万元
		高校R&D经费内部支出中的企业资金C_3	+	万元
		研究与开发机构R&D经费内部支出中的政府资金C_4	+	万元
		研究与开发机构R&D经费内部支出中的企业资金C_5	+	万元
		规上工业企业R&D经费外部支出(对研究机构)C_6	+	万元
		规上工业企业R&D经费外部支出(高校)C_7	+	万元
		高校R&D经费外部支出(对研究机构)C_8	+	万元
		高校R&D经费外部支出(对企业)C_9	+	万元
		研究与开发机构R&D经费外部支出(对高校)C_{10}	+	万元
		研究与开发机构R&D经费外部支出(对企业)C_{11}	+	万元
	协同创新产出O	技术输出地域合同金额O_1	+	万元
		技术流向地域合同金额O_2	+	万元
		高等院校专利所有权转让及许可收入O_3	+	万元
		研究机构专利所有权转让及许可收入O_4	+	万元
		国外技术引进合同金额O_5	+	亿美元
		技术市场成交额O_6	+	万元
		新产品销售收入O_7	+	万元
		低碳专利申请量O_8	+	件
		国外三大检索工具收录科技论文数O_9	+	篇
		二氧化碳排放量O_{10}	−	万吨
	协同创新辅助条件S	地区生产总值S_1	+	亿元
		外商投资企业投资总额S_2	+	亿元
		金融机构贷款余额S_3	+	亿美元
		互联网宽带接入端口S_4	+	万个
		大专以上学历人口数S_5	+	人

第二节　低碳创新网络多主体协同创新直觉模糊综合评价模型构建

一、直觉模糊熵的改进

（一）直觉模糊集

直觉模糊集不仅是模糊集的推广，而且在研究模糊决策问题中起着关键性作用。将直觉模糊集运用到评价问题中，可以更加有效地刻画信息模糊性的本质。

定义6.1[222]给定论域X，并设论域X上的直觉模糊集A为：

$$A = \{< x, \mu_A(x), \nu_A(x) > | x \in X\} \qquad (6-1)$$

式中，$\mu_A : X \to [0,1]$ 和 $\nu_A : X \to [0,1]$ 分别表示A的隶属函数和非隶属函数，且对于任意$x \in X$满足：$0 \le \mu_A(x) + \nu_A(x) \le 1$，称$\pi_A(x) = 1 - \mu_A(x) - \nu_A(x)$为$X$中元素$x$属于$A$的直觉模糊指标或犹豫度，显然$0 \le \pi_A(x) \le 1$。论域$X$上直觉模糊集的全体记为$IFS(X)$。

定义6.2[223]设A和B是论域X上的直觉模糊集，则有

（1）$A \bigcap B = \{< x, \mu_A(x) \wedge \mu_B(x), \nu_A(x) \vee \nu_B(x) > | x \in X\}$；

（2）$A \bigcup B = \{< x, \mu_A(x) \vee \mu_B(x), \nu_A(x) \wedge \nu_B(x) > | x \in X\}$；

（3）$A^c = \{< x, \nu_A(x), \mu_A(x) > | x \in X\}$。

定义6.3[224]（直觉模糊集的扩展运算）设A和B是论域X上的两个直觉模糊集，则有

（4）$A+B = \{< x, \mu_A(x) + \mu_B(x) - \mu_A(x) \cdot \mu_B(x), \nu_A(x) \cdot \nu_B(x) > | x \in X\}$；

（5）$A \cdot B = \{< x, \mu_A(x) \cdot \mu_B(x), \nu_A(x) + \nu_B(x) - \nu_A(x) \cdot \nu_B(x) > | x \in X\}$；

（6）$k \cdot A = \{< x, 1 - [1 - \mu_A(x)]^k, [\nu_A(x)]^k > | x \in X\}$，其中$k \in R$。

定义6.4[223] 设论域 $X = \{x_1, x_2, \cdots, x_n\}$，映射 $E : IFS(X) \to [0,1]$ 称为直

觉模糊集的熵，如果E满足以下条件：

（1）$E(A)=0$当且仅当A是经典集，即$\mu_A(x_i)=1, \nu_A(x_i)=0$或$\mu_A(x_i)=0, \nu_A(x_i)=1$；

（2）$E(A)=1$当且仅当$\mu_A(x_i)=\nu_A(x_i)=0$；

（3）$E(A)=E(A^c)$；

（4）$E(A) \leq E(B)$当$\left|\mu_A(x_i)-\nu_A(x_i)\right| \geq \left|\mu_B(x_i)-\nu_B(x_i)\right|$和

$\mu_A(x_i)+\nu_A(x_i) \geq \mu_B(x_i)+\nu_B(x_i)$。

（二）常用直觉模糊熵

直觉模糊熵是用来描述信息的不确定性和处理模糊信息的主要工具[225]，并且在决策理论中占有举足轻重的地位，众多研究者对其进行了深入研究，构造了不同形式的直觉模糊熵。

Ye[226]通过考虑隶属度和非隶属度，建立了具体熵的公式：

$$E_1(A)=\frac{1}{n}\sum_{i=1}^{n}\left[(\sin\frac{\mu_A(x_i)+1-\nu_A(x_i)}{4}\pi + \sin\frac{\nu_A(x_i)+1-\mu_A(x_i)}{4}\pi - 1) \times \frac{1}{\sqrt{2}-1}\right]$$

（6-2）

$$E_2(A)=\frac{1}{n}\sum_{i=1}^{n}\left[(\cos\frac{\mu_A(x_i)+1-\nu_A(x_i)}{4}\pi + \cos\frac{\nu_A(x_i)+1-\mu_A(x_i)}{4}\pi - 1) \times \frac{1}{\sqrt{2}-1}\right]$$

（6-3）

随后，Zhang[227]在其基础上又提出了新的直觉模糊熵，具体形式如下：

$$E_3(A)=\frac{1}{n}\sum_{i=1}^{n}\left[(\sqrt{2}\cos\frac{\mu_A(x_i)-\nu_A(x_i)}{4}\pi - 1) \times \frac{1}{\sqrt{2}-1}\right]$$ （6-4）

Verma等[228]对上述的直觉模糊熵进行了改进，定义了新的直觉模糊熵：

$$E_4(A)=\frac{1}{n(\sqrt{e}-1)}\sum_{i=1}^{n}\left[\left(\frac{\mu_A(x_i)+1-\nu_A(x_i)}{2}e^{1-\frac{\mu_A(x_i)+1-\nu_A(x_i)}{2}}\right.\right.$$
$$\left.\left.+\frac{\nu_A(x_i)+1-\mu_A(x_i)}{2}e^{1-\frac{\nu_A(x_i)+1-\mu_A(x_i)}{2}}\right)-1\right]$$

（6-5）

式中$A \in IFS(X)$，n表示X中元素个数。

Szmidt等[229]根据直觉模糊集的几何意义，得出直觉模糊集信息的模糊性主要是受到两种因素的影响，一种是犹豫度对直觉模糊集本身的影响，另一种则是隶属度与非隶属度的差异。基于这两种因素，构造出新的直觉模糊熵：

$$E_5(A) = \frac{1}{n}\sum_{i=1}^{n}\frac{1-\left|\mu_A(x_i)-\nu_A(x_i)\right|+\pi_A(x_i)}{1+\left|\mu_A(x_i)-\nu_A(x_i)\right|+\pi_A(x_i)} \qquad (6-6)$$

王毅等[230]定义的直觉模糊熵为：

$$E_6(A) = \frac{1}{n}\sum_{i=1}^{n}\frac{\min(\mu_A(x_i),\nu_A(x_i)+\pi_A(x_i)}{\max(\mu_A(x_i),\nu_A(x_i)+\pi_A(x_i)} \qquad (6-7)$$

式中$A \in IFS(X)$，n表示X中元素个数。

公式（6-2）至公式（6-5）进行熵测度时，考虑了隶属度和非隶属度。但在很多复杂的实际问题中，人们受自身认知的局限性和客观事物复杂性的影响，存在着一定的未知性，因此，犹豫度在直觉模糊熵中的作用是不容小觑的。此外，上述的熵测度还存在着一些反直觉的情况，即当隶属度和非隶属度的差值相等时，并不能有效区分两个直觉模糊集的模糊性。以下举例说明。

例1设论域X是单点集，$A=\{<x,0.2,0.5>\}$和$B=\{<x,0.3,0.6>\}$是X上的两个直觉模糊集。由公式（6-2）至公式（6-5）计算出A和B的直觉模糊熵。

$$E_1(A)=E_1(B)=E_2(A)=E_2(B)=0.906$$

$$E_3(A)=E_3(B)=0.906$$

$$E_4(A)=E_4(B)=0.914$$

显然，直觉模糊集$A \neq B$，但计算结果显示两个直觉模糊熵相等，有违实际情况。因此，也进一步说明了公式（6-2）至公式（6-5）在某些情况下会出现反直觉的情形。

对公式（6-6）和公式（6-7）进一步分析可发现，$E_5(A)=E_6(A)$是相等的。众所周知，$\forall a,b \in R$，有$\max\{a,b\}=\frac{1}{2}(a+b+|a-b|)$，

$\min\{a,b\}=\dfrac{1}{2}\left(a+b-|a-b|\right)$。因此，对公式（6-7）进行化简整理，便有 $E_5(A)=E_6(A)$。公式（6-6）和公式（6-7）在某些特殊情况下，也会出现反直觉情况，以下举例说明。

例2　设论域 X 是单点集，且论域 X 上的两个直觉模糊集分别为 $A=\{<x,0.4,0.5>\}$ 和 $B=\{<x,0.1,0.25>\}$。由公式（6-6）和（6-7）可算出其熵为 $E_5(A)=E_5(B)=E_6(A)=E_6(B)=0.833$，则 E_5 和 E_6 出现了反直觉的情况。

（三）新直觉模糊熵的构造

设论域为 $X=\{x_1,x_2,\cdots,x_n\}$，论域 X 上的任意直觉模糊集 $A=\{<x,\mu_A(x_i),\nu_A(x_i)>|x\in X\}$，并设隶属度和非隶属度的差值为 $g_A(x_i)=|\mu_A(x_i)-\nu_A(x_i)|$，$g_A(x_i)$ 表示信息内容的差异性。结合 $g_A(x_i)$ 与犹豫度 $\pi_A(x_i)$ 构造出一类新的直觉模糊熵，以期能更加有效地描述信息的不确定性。

定理6.1　设 A 为论域 X 上的直觉模糊集，映射 $E:IFS(X)\to[0,1]$ 是直觉模糊熵，定义为：

$$E(A)=\frac{1}{n}\sum_{i=1}^{n}f(g_A(x_i),\pi_A(x_i)) \tag{6-8}$$

式中，函数 $f:[0,1]\times[0,1]\to[0,1]$ 的二元连续函数，且满足如下条件：

（1）$f(x,y)$ 关于变量 x 单调递减，关于变量 y 单调递增；

（2）$f(0,1)=1$；

（3）$f(1,0)=0$。

证明　（1）当 $E(A)=0$ 时，即只需要 $f(g_A(x_i),\pi_A(x_i))=0$，有 $g_A(x_i)=1$，则 $\mu_A(x_i)=1$，$\nu_A(x_i)=0$ 或者 $\mu_A(x_i)=0,\nu_A(x_i)=1$。反之，当 A 为经典集合时，显然成立。

（2）$\forall x_i\in X$，当 $E(A)=1$ 时，即 $f(g_A(x_i),\pi_A(x_i))=1$，则只需 $g_A(x_i)=|\pi_A(x_i)-\nu_A(x_i)|=0$，且 $\pi_A(x_i)=1$，则 $\mu_A(x_i)=\nu_A(x_i)=0$；反

之依然成立。

（3）由于 $g_A(x_i) = g_{A^c}(x_i)$，$\pi_A(x_i) = \pi_{A^c}(x_i)$，则 $E(A) = E(A^c)$。

（4）当 $\mu_A(x_i) + v_A(x_i) \geq \mu_B(x_i) + v_B(x_i)$ 时，有 $\pi_A(x_i) \leq \pi_B(x_i)$。

又因 $|\mu_A(x_i) - v_A(x_i)| \geq |\mu_B(x_i) - v_B(x_i)|$，即 $g_A(x_i) \geq g_B(x_i)$。

故 $f(g_A(x_i), \pi_A(x_i)) \leq f(g_B(x_i), \pi_B(x_i))$，则证明出 $E(A) \leq E(B)$。

证毕。

特别地：

（1）当函数 $f(x,y) = \dfrac{1-x+y}{1+x+y}$ 时，则得到Szmidt等[229]定义的公式

（6-6）。

（2）当函数 $f(x,y) = 1-x$ 时，便得到Zeng等[231]定义的直觉模糊熵：

$$E_7(A) = 1 - \frac{1}{n}\sum_{i=1}^{n}|\mu_A(x_i) - v_A(x_i)| \tag{6-9}$$

（3）当函数 $f(x,y) = \dfrac{(1-x+y)}{2}$ 时，可以得到吴涛等[232]构造的直觉模糊熵：

$$E_8(A) = \frac{1}{n}\sum_{i=1}^{n}\frac{1-|\mu_A(x_i)-v_A(x_i)|+\pi_A(x_i)}{2} \tag{6-10}$$

（4）当函数 $f(x,y) = \dfrac{(1-x)(1+y)}{2}$ 时，可得出Guo等[233]构造的直觉模糊熵：

$$E_9(A) = \frac{1}{n}\sum_{i=1}^{n}(1-|\mu_A(x_i)-v_A(x_i)|)\frac{1+\pi_A(x_i)}{2} \tag{6-11}$$

本研究中，当选取的二元函数是 $f(x,y) = \alpha(1-x) + (1-\alpha)\log_2^{1+y}$ 时，则可以得到新的直觉模糊熵：

$$E_{10}(A) = \frac{1}{n}\sum_{i=1}^{n}\left[\alpha(1-|\mu_A(x_i)-v_A(x_i)|)+(1-\alpha)\log_2^{\pi_A(x_i)+1}\right] \tag{6-12}$$

式中，参数 $\alpha \in [0,1]$ 为态度系数，即 α 代表决策者的主观态度。当

$\alpha \in [0,0.5]$时，代表着决策者的积极态度；当$\alpha \in [0.5,1]$时，表示决策者的悲观态度[234]。随着α的取值不同，便可以得到不同的直觉模糊熵，这里不再进行列举。

继上面的例1，利用公式（6-12）计算直觉模糊集A和B的熵测度。可得

$$E_{10}(A) = 0.7\alpha + (1-\alpha)\log_2^{1.3} \neq E_{10}(B) = 0.7\alpha + (1-\alpha)\log_2^{1.1}$$

显然，E_{10}克服了E_1和E_2出现的反直觉情况。

同样继例2，

$$E_{10}(A) = 0.9\alpha + (1-\alpha)\log_2^{1.1} \neq E_{10}(B) = 0.85\alpha + (1-\alpha)\log_2^{1.65}$$，克服了E_5和E_6出现的反直觉情况。因此，进一步说明了新提出的熵测度的有效性。

二、指标权重的确定

为了使赋权结果与现实结果更相近，本文采用层次分析法–熵值法相结合的主客观组合赋权法[235]，计算低碳创新网络多主体协同创新各评价指标的权重。

（一）基于层次分析法确定评价指标权重

（1）本文邀请10位相关领域专家学者填写评分表（评分表见附录），专家采取1—9的比例标度进行评分，设定各专家的权重系数相同，根据专家评分结果，计算出各层级判断矩阵的平均值，选择最接近的标度作为最终结果，即可确定各层级判断矩阵。

（2）根据判断矩阵，确定矩阵的特征值λ_{max}和特征向量F，再进行归一化处理，归一化结果满足$\sum_{i=1}^{n} f_i = 1$，即得到对应指标权重ω_{1j}。

（3）对判断矩阵进行一致性检验。一致性指标为$CI = \dfrac{\lambda_{max} - n}{n-1}$，随机一致性指标$RI = \dfrac{CI_1 + CI_2 + ... + CI_n}{n}$，一致性比例为$CR = \dfrac{CI}{RI}$，若

$CR<0.1$，则通过检验；若未通过检验，需要联系专家重新调整，直到检验通过。

（二）基于熵值法确定评价指标权重

对于低碳创新网络多主体协同创新评价问题，可以看作是一组n个评价指标$\{q_1,q_2,...q_n\}$下对m个评价对象$\{a_1,a_2,...a_m\}$进行综合评价的问题。假设评价对象a_i在评价指标q_j下的评价值是直觉模糊数$a_{ij}=<\mu_{ij}$，$v_{ij}>$，其中，μ_{ij}表示评价对象a_i对评价指标q_j的隶属度，v_{ij}表示评价对象a_i对评价指标q_j的非隶属度，并且$0\leq\mu_{ij}\leq1$，$0\leq v_{ij}\leq1$，$0\leq\mu_{ij}+v_{ij}\leq1$，$i=1,2,...m$；$j=1,2,...,n$。设对应的评价指标的权重为$W=(\omega_1,\omega_2...,\omega_n)$，满足$\sum_{j=1}^{n}W_n=1$，且$\omega_n\in[0,1]$。

构造评价矩阵$D=(a_{ij})_{m\times n}$，其中a_{ij}为第i个评价对象的第j个评价指标所对应的直觉模糊数，$i=1,2,...m$；$j=1,2,...,n$：

$$D=\begin{bmatrix} a_{11} & a_{12} & ... & a_{1n} \\ a_{21} & a_{22} & ... & a_{2n} \\ ... & ... & & ... \\ a_{m1} & a_{m2} & ... & a_{mn} \end{bmatrix}$$

可知，$a_{ij}=(\mu_{ij},v_{ij})$，$0\leq\mu_A(x)\leq1$，$0\leq v_A(x)\leq1$，

$0\leq\mu_A(x)+v_A(x)\leq1$。

然后，运用新构造的直觉模糊熵E_{10}，获得各评价指标的权重：

$$\omega_{2j}=\frac{1-e_j}{\sum_{j=1}^{n}(1-e_j)} \quad\quad （6-13）$$

式中，$e_j=\frac{1}{m}\sum_{i=1}^{m}E_{10}(a_{ij})$，$i=1,2,...m$；$j=1,2,...,n$。

（三）基于主客观赋权法确定评价指标权重

根据最小相对信息熵原理，将层次分析法计算得到的主观权重ω_{1j}和熵值法得到的客观权重ω_{2j}相结合得到组合权重，为了减少对信息量的损害，本文利用拉格朗日乘子法计算组合权重，计算公式为：

$$\omega_j = \frac{\sqrt{\omega_{1j} \cdot \omega_{2j}}}{\sum\limits_{j=1}^{n} \sqrt{\omega_{1j} \cdot \omega_{2j}}}$$ （6-14）

式中，$j=1,2,...,n$。

三、低碳创新网络多主体协同创新直觉模糊综合评价方法

近年来，直觉模糊综合评价方法常用于城市生态竞争力的评价[236]、工程地质环境的评价[237]等领域，一是该方法可以较好地表达数据的模糊性，获得更有效的评价结果；二是从评价数据的特性来看，宏观统计数据适用于直觉模糊集进行表达[237]。

为了消除不同指标在单位和数量级方面的差异，需要对不同指标下原始数据进行归一化处理。指标可以分为正向指标和负向指标，其中，正向指标越大表示研究者对评价对象越认可，反之即为负向指标。设评价对象a_i在评价指标q_j下的指标值为y_{ij}，经过归一化处理：

$$z_{ij} = \frac{y_{ij} - y_j^{\min}}{y_j^{\max} - y_j^{\min}} \text{（}c_j\text{为正向指标）}$$ （6-15）

$$z_{ij} = \frac{y_j^{\max} - y_{ij}}{y_j^{\max} - y_j^{\min}} \text{（}c_j\text{为负向指标）}$$ （6-16）

式中，$y_j^{\max}$ 和 $y_j^{\min}$ 分别为评价指标c_j下指标值中理论取值的上限和下限。如果评价对象的表现分布具有正态性，则 $y_j^{\max} = \overline{y}_j + 3\sigma_j$，$y_j^{\min} = \overline{y}_j - 3\sigma_j$，其中 $\overline{y}_j$ 和 σ_j 分别表示评价对象指标值的平均值和标准差。在直觉模糊集中，通常将隶属度μ_{ij}定义为评价对象在该评价指标下的"最差"表现，模糊指数 $\pi_{ij} = 1 - \mu_{ij} - v_{ij}$ 表示具体的模糊程度，则实际表现区间为 $[\mu_{ij}, 1 - v_{ij}] = [\mu_{ij}^l, \mu_{ij}^u]$，其中 μ_{ij}^l 和 μ_{ij}^u 分别表示该区间的上限和下限，则 $\mu_{ij} = \mu_{ij}^l$，$v_{ij} = 1 - \mu_{ij}^{u}$[236]。

113

对于不同评价指标下，评价对象 a_i 的直觉模糊评价值为 $a_{ij}=\langle\mu_{ij},\nu_{ij}\rangle$，各评价指标的权重为 $W=(\omega_1,\omega_2,...,\omega_n)$，用直觉模糊加权平均算子 M_ω 得到综合评价结果：

$$
\begin{aligned}
a_i &= M_\omega(a_{i1},a_{i2},...,a_{in}) \\
&= \sum_{j=1}^{n}(\omega_j a_{ij}) \\
&= \sum_{j=1}^{n}\omega_j(\langle\mu_{ij},\nu_{ij}\rangle) \\
&= \langle 1-\prod_{j=1}^{n}(1-\mu_{ij})^{\omega_j},\prod_{j=1}^{n}(\nu_{ij})^{\omega_j}\rangle
\end{aligned}
\tag{6-17}
$$

可以利用记分函数 Δ 和精确函数 σ 比较两个直觉模糊数的大小[238, 239]，对于任意直觉模糊数 $\alpha=\langle\mu_\alpha,\nu_\alpha\rangle$，定义：

$$
\Delta(\alpha)=\mu_\alpha-\nu_\alpha\in[-1,1] \tag{6-18}
$$

$$
\sigma(\alpha)=\mu_\alpha+\nu_\alpha=1-\pi_\alpha\in[0,1] \tag{6-19}
$$

那么，对于任意两个直觉模糊数 $\alpha=\langle\mu_\alpha,\nu_\alpha\rangle$ 和 $\beta=\langle\mu_\beta,\nu_\beta\rangle$ 可知：

（1）当 $\Delta(\alpha)>\Delta(\beta)$ 时，则 $\alpha>\beta$；

（2）当 $\Delta(\alpha)=\Delta(\beta)$ 时，如果 $\sigma(\alpha)>\sigma(\beta)$，则 $\alpha>\beta$；如果 $\sigma(\alpha)=\sigma(\beta)$ 时，则 $\alpha=\beta$；如果 $\sigma(\alpha)<\sigma(\beta)$，则 $\alpha<\beta$；

（3）当 $\Delta(\alpha)<\Delta(\beta)$ 时，则 $\alpha<\beta$。

第三节　低碳创新网络多主体协同创新评价实证分析

一、样本选取与数据准备

由于京津冀、长三角、长江中游、珠三角、成渝5个典型区域是我国经济发展的主引擎，区域集聚和规模效应显著，在国家经济发展和碳减排中占据重要位置[240]，因此，本文选取5个典型区域的13个省（直辖市）作为评价对象，分别为：北京P_1、天津P_2、河北P_3、上海P_4、江苏P_5、浙江P_6、安徽P_7、江西P_8、湖北P_9、湖南P_{10}、广东P_{11}、重庆P_{12}和四川P_{13}。本文使用的低碳专利申请量数据来源于Incopat专利检索数据库，参照CPC-Y02专利分类体系筛选获得[241]，其余相关数据均来自2019年和2020年的《中国科技统计年鉴》《中国统计年鉴》《中国能源统计年鉴》，其中二氧化碳排放量采用IPCC（2006）提出的碳排放系数法[242]，基于能源消费量和二氧化碳排放因子计算得出，能源消费量涵盖了生活消费和生产消费两个端口。通过对原始数据进行归一化处理，得到不同指标下的直觉模糊数，具体见表6-2至表6-5。

表6-2　低碳创新网络多主体协同创新投入各指标下直觉模糊评价数据

		P_1	P_2	P_3	P_4	P_5	P_6	P_7	P_8	P_9	P_{10}	P_{11}	P_{12}	P_{13}
I_1	μ	0.37	0.37	0.39	0.39	0.84	0.73	0.45	0.43	0.44	0.48	0.75	0.40	0.41
	v	0.63	0.62	0.61	0.60	0.13	0.24	0.54	0.57	0.56	0.51	0.24	0.60	0.59
I_2	μ	0.38	0.38	0.41	0.41	0.75	0.70	0.44	0.41	0.44	0.44	0.87	0.40	0.41
	v	0.61	0.61	0.59	0.58	0.24	0.28	0.55	0.58	0.56	0.56	0.10	0.60	0.58
I_3	μ	0.99	0.36	0.40	0.50	0.50	0.44	0.43	0.45	0.46	0.48	0.32	0.31	0.50
	v	0.01	0.63	0.60	0.49	0.50	0.56	0.56	0.53	0.54	0.39	0.40	0.44	0.45
I_4	μ	0.99	0.42	0.43	0.54	0.53	0.41	0.43	0.39	0.43	0.40	0.46	0.42	0.59
	v	0.01	0.58	0.57	0.45	0.47	0.58	0.57	0.60	0.55	0.59	0.53	0.58	0.40
I_5	μ	0.41	0.23	0.56	0.27	0.78	0.49	0.55	0.46	0.59	0.57	0.72	0.28	0.55
	v	0.58	0.77	0.44	0.73	0.21	0.51	0.45	0.53	0.41	0.43	0.28	0.72	0.42
I_6	μ	0.83	0.36	0.34	0.63	0.66	0.52	0.41	0.26	0.45	0.45	0.61	0.32	0.50
	v	0.10	0.61	0.64	0.33	0.33	0.47	0.57	0.71	0.51	0.55	0.33	0.67	0.46
I_7	μ	0.06	0.04	0.04	0.06	0.07	0.06	0.05	0.04	0.05	0.04	0.10	0.04	0.04
	v	0.45	0.64	0.65	0.48	0.38	0.41	0.49	0.60	0.52	0.60	0.04	0.66	0.60
I_8	μ	0.43	0.27	0.53	0.40	0.69	0.58	0.45	0.44	0.44	0.46	0.91	0.33	0.54
	v	0.57	0.73	0.47	0.60	0.29	0.42	0.55	0.56	0.56	0.53	0.07	0.66	0.45
I_9	μ	0.65	0.63	0.25	0.58	0.26	0.42	0.55	0.61	0.49	0.73	0.23	0.64	0.44
	v	0.35	0.36	0.74	0.42	0.74	0.58	0.45	0.39	0.50	0.27	0.77	0.36	0.55

表6-3　低碳创新网络多主体协同创新合作各指标下直觉模糊评价数据

		P_1	P_2	P_3	P_4	P_5	P_6	P_7	P_8	P_9	P_{10}	P_{11}	P_{12}	P_{13}
C_1	μ	0.45	0.34	0.31	0.63	0.49	0.42	0.44	0.35	0.51	0.41	0.94	0.39	0.47
	v	0.52	0.63	0.61	0.33	0.45	0.54	0.53	0.56	0.44	0.53	0.00	0.59	0.40

续表

		P_1	P_2	P_3	P_4	P_5	P_6	P_7	P_8	P_9	P_{10}	P_{11}	P_{12}	P_{13}
C_2	μ	0.88	0.38	0.34	0.64	0.58	0.46	0.38	0.32	0.49	0.40	0.73	0.36	0.43
	ν	0.11	0.55	0.66	0.35	0.42	0.53	0.60	0.65	0.49	0.57	0.26	0.62	0.57
C_3	μ	0.88	0.43	0.33	0.59	0.72	0.48	0.34	0.32	0.48	0.38	0.55	0.38	0.50
	ν	0.09	0.56	0.66	0.41	0.26	0.51	0.66	0.67	0.48	0.59	0.42	0.60	0.47
C_4	μ	0.99	0.41	0.42	0.64	0.50	0.41	0.42	0.40	0.45	0.41	0.44	0.40	0.57
	ν	0.01	0.58	0.58	0.35	0.50	0.58	0.58	0.60	0.54	0.59	0.55	0.59	0.43
C_5	μ	0.99	0.42	0.39	0.55	0.44	0.45	0.44	0.37	0.44	0.44	0.47	0.39	0.50
	ν	0.01	0.54	0.60	0.42	0.53	0.50	0.53	0.59	0.56	0.52	0.53	0.59	0.45
C_6	μ	0.46	0.43	0.44	0.45	0.48	0.46	0.44	0.44	0.45	0.45	0.99	0.44	0.45
	ν	0.53	0.56	0.55	0.54	0.49	0.52	0.55	0.55	0.55	0.54	0.01	0.56	0.55
C_7	μ	0.39	0.34	0.35	0.40	0.94	0.57	0.53	0.33	0.47	0.53	0.56	0.35	0.47
	ν	0.52	0.61	0.59	0.59	0.03	0.33	0.38	0.65	0.50	0.45	0.43	0.62	0.53
C_8	μ	0.85	0.43	0.36	0.58	0.53	0.40	0.39	0.35	0.49	0.38	0.81	0.37	0.43
	ν	0.15	0.57	0.63	0.36	0.40	0.58	0.58	0.64	0.48	0.60	0.19	0.61	0.57
C_9	μ	0.90	0.41	0.39	0.57	0.62	0.47	0.34	0.33	0.44	0.41	0.49	0.35	0.49
	ν	0.01	0.56	0.59	0.40	0.26	0.52	0.61	0.61	0.54	0.59	0.42	0.61	0.51
C_{10}	μ	0.99	0.44	0.42	0.48	0.46	0.44	0.42	0.43	0.53	0.43	0.44	0.42	0.43
	ν	0.01	0.56	0.58	0.52	0.49	0.54	0.58	0.56	0.43	0.56	0.44	0.58	0.57
C_{11}	μ	0.94	0.43	0.40	0.44	0.42	0.40	0.40	0.46	0.52	0.54	0.41	0.40	0.41
	ν	0.01	0.53	0.59	0.51	0.56	0.59	0.59	0.47	0.44	0.23	0.57	0.59	0.50

表6-4 低碳创新网络多主体协同创新产出各指标下直觉模糊评价数据

		P_1	P_2	P_3	P_4	P_5	P_6	P_7	P_8	P_9	P_{10}	P_{11}	P_{12}	P_{13}
O_1	μ	0.99	0.46	0.40	0.52	0.50	0.44	0.40	0.37	0.52	0.40	0.55	0.36	0.49
	ν	0.01	0.54	0.60	0.47	0.48	0.55	0.59	0.62	0.48	0.59	0.39	0.61	0.50
O_2	μ	0.85	0.38	0.41	0.46	0.61	0.47	0.38	0.35	0.47	0.34	0.77	0.36	0.44
	ν	0.13	0.61	0.58	0.50	0.34	0.50	0.58	0.63	0.50	0.63	0.16	0.58	0.55
O_3	μ	0.52	0.32	0.31	0.68	0.54	0.43	0.32	0.32	0.43	0.47	0.55	0.40	0.40
	ν	0.06	0.61	0.61	0.26	0.16	0.44	0.60	0.61	0.55	0.53	0.33	0.56	0.39
O_4	μ	0.81	0.41	0.42	0.67	0.43	0.44	0.41	0.39	0.41	0.39	0.50	0.41	0.40
	ν	0.01	0.57	0.53	0.33	0.56	0.55	0.57	0.58	0.57	0.58	0.14	0.56	0.57
O_5	μ	0.54	0.39	0.34	0.68	0.61	0.51	0.35	0.33	0.42	0.38	0.76	0.40	0.37
	ν	0.22	0.60	0.64	0.24	0.37	0.48	0.61	0.64	0.58	0.62	0.21	0.24	0.62
O_6	μ	0.99	0.46	0.40	0.52	0.50	0.44	0.40	0.37	0.52	0.40	0.55	0.36	0.49
	ν	0.01	0.54	0.60	0.47	0.48	0.55	0.59	0.62	0.48	0.59	0.39	0.61	0.50
O_7	μ	0.39	0.38	0.40	0.46	0.73	0.67	0.46	0.39	0.46	0.44	0.91	0.38	0.38
	ν	0.60	0.62	0.59	0.53	0.25	0.32	0.53	0.59	0.54	0.56	0.09	0.61	0.62
O_8	μ	0.53	0.38	0.37	0.44	0.82	0.59	0.47	0.36	0.42	0.39	0.84	0.35	0.41
	ν	0.44	0.61	0.61	0.54	0.15	0.40	0.45	0.63	0.56	0.59	0.16	0.64	0.57

续表

		P_1	P_2	P_3	P_4	P_5	P_6	P_7	P_8	P_9	P_{10}	P_{11}	P_{12}	P_{13}
O_9	μ	0.93	0.40	0.34	0.60	0.57	0.46	0.39	0.33	0.48	0.40	0.54	0.37	0.47
	v	0.01	0.57	0.63	0.40	0.30	0.52	0.58	0.64	0.50	0.57	0.45	0.61	0.52
O_{10}	μ	0.68	0.63	0.09	0.61	0.23	0.50	0.49	0.58	0.52	0.54	0.40	0.64	0.56
	v	0.32	0.37	0.90	0.39	0.76	0.49	0.51	0.42	0.47	0.45	0.60	0.36	0.44

表6-5　低碳创新网络多主体协同创新辅助条件各指标下直觉模糊评价数据

		P_1	P_2	P_3	P_4	P_5	P_6	P_7	P_8	P_9	P_{10}	P_{11}	P_{12}	P_{13}
S_1	μ	0.43	0.30	0.43	0.44	0.82	0.59	0.42	0.37	0.49	0.46	0.86	0.36	0.49
	v	0.56	0.69	0.54	0.55	0.18	0.41	0.56	0.63	0.50	0.54	0.13	0.64	0.50
S_2	μ	0.53	0.44	0.39	0.63	0.68	0.49	0.39	0.37	0.40	0.40	0.94	0.38	0.40
	v	0.47	0.55	0.61	0.37	0.30	0.50	0.61	0.62	0.60	0.59	0.05	0.61	0.57
S_3	μ	0.48	0.37	0.42	0.48	0.71	0.64	0.39	0.37	0.42	0.42	0.93	0.37	0.44
	v	0.51	0.63	0.57	0.52	0.29	0.35	0.60	0.63	0.55	0.57	0.06	0.62	0.55
S_4	μ	0.36	0.29	0.53	0.36	0.74	0.66	0.46	0.37	0.43	0.43	0.83	0.38	0.62
	v	0.63	0.71	0.47	0.64	0.25	0.33	0.53	0.62	0.56	0.57	0.17	0.61	0.36
S_5	μ	0.36	0.28	0.47	0.36	0.74	0.52	0.43	0.33	0.43	0.43	0.83	0.29	0.63
	v	0.42	0.71	0.47	0.58	0.26	0.33	0.54	0.62	0.52	0.51	0.16	0.62	0.36

二、指标权重计算

根据层次分析法、熵值法以及公式（6-14），计算出各评价指标的权重，如表6-6所示。

表6-6　低碳创新网络多主体协同创新评价指标权重统计表

准则层	权重	目标层	权重		
			层次分析法	熵值法	组合法
低碳创新网络多主体协同创新投入	0.223	有研究与试验发展（R&D）活动的规模以上工业企业数	0.013	0.025	0.018
		规上工业企业R&D人员全时当量	0.014	0.025	0.019
		研究与开发机构数	0.034	0.033	0.034
		研究与开发机构（R&D）人员全时当量	0.014	0.026	0.020
		高等学校数	0.015	0.025	0.020
		高等学校（R&D）人员全时当量	0.019	0.027	0.023
		财政科学技术支出	0.028	0.058	0.041
		财政教育支出	0.021	0.025	0.023
		能源消费总量	0.021	0.024	0.023

准则层	权重	目标层	权重		
			层次分析法	熵值法	组合法
低碳创新网络多主体协同创新合作	0.340	规上工业企业R&D经费内部支出中的政府资金	0.051	0.031	0.041
		高校R&D经费内部支出中的政府资金	0.022	0.026	0.025
		高校R&D经费内部支出中的企业资金	0.017	0.027	0.022
		研究与开发机构R&D经费内部支出中的政府资金	0.022	0.026	0.025
		研究与开发机构R&D经费内部支出中的企业资金	0.037	0.029	0.034
		规上工业企业R&D经费外部支出（对研究机构）	0.042	0.028	0.035
		规上工业企业R&D经费外部支出（高校）	0.034	0.029	0.032
		高校R&D经费外部支出（对研究机构）	0.029	0.026	0.028
		高校R&D经费外部支出（对企业）	0.026	0.030	0.028
		研究与开发机构R&D经费外部支出（对高校）	0.029	0.029	0.030
		研究与开发机构R&D经费外部支出（对企业）	0.052	0.031	0.041
低碳创新网络多主体协同创新产出	0.330	技术输出地域合同金额	0.034	0.028	0.031
		技术流向地域合同金额	0.035	0.028	0.032
		高等院校专利所有权转让及许可收入	0.077	0.037	0.054
		研究机构专利所有权转让及许可收入	0.051	0.031	0.041
		国外技术引进合同金额	0.048	0.030	0.039
		技术市场成交额	0.033	0.028	0.031
		新产品销售收入	0.021	0.025	0.024
		低碳专利申请量	0.022	0.027	0.025
		国外三大检索工具收录科技论文数	0.032	0.028	0.031
		二氧化碳排放量	0.018	0.025	0.022
低碳创新网络多主体协同创新辅助条件	0.107	地区生产总值	0.011	0.026	0.017
		外商投资企业投资总额	0.009	0.026	0.016
		金融机构贷款余额	0.014	0.025	0.019
		互联网宽带接入端口	0.028	0.024	0.026
		大专以上学历人口数	0.026	0.031	0.029

从表6-6中可以看出，低碳创新网络多主体协同创新评价指标体系中准则层指标的权重由大到小依次为：低碳创新网络多主体协同创新合作、低碳

创新网络多主体协同创新产出、低碳创新网络多主体协同创新投入、低碳创新网络多主体协同创新辅助条件。

三、低碳创新网络多主体协同创新评价

利用直觉模糊综合评价方法对京津冀、长三角、长江中游、珠三角以及成渝5个典型区域的13个省（直辖市）进行低碳创新网络多主体协同创新综合评价，具体如下：

（1）低碳创新网络多主体协同创新投入评价：

$$a_i^I = \langle 1 - \prod_{j=1}^{9}(1-\mu_{ij})^{\omega_j^I}, \prod_{j=1}^{9}(\nu_{ij})^{\omega_j^I} \rangle, \omega_j^I = \omega_j / \sum_{j=1}^{9}\omega_j \qquad （6-20）$$

式中，$j = 1, 2, ..., 9$，$i = 1, 2, ..., 13$；

（2）低碳创新网络多主体协同创新合作评价：

$$a_i^C = \langle 1 - \prod_{j=10}^{20}(1-\mu_{ij})^{\omega_j^C}, \prod_{j=10}^{20}(\nu_{ij})^{\omega_j^C} \rangle, \omega_j^C = \omega_j / \sum_{j=10}^{20}\omega_j \qquad （6-21）$$

式中，$j = 10, 11, ..., 20$，$i = 1, 2, ..., 13$；

（3）低碳创新网络多主体协同创新产出评价：

$$a_i^O = \langle 1 - \prod_{j=21}^{30}(1-\mu_{ij})^{\omega_j^O}, \prod_{j=21}^{30}(\nu_{ij})^{\omega_j^O} \rangle, \omega_j^O = \omega_j / \sum_{j=21}^{30}\omega_j \qquad （6-22）$$

式中，$j = 21, 22, ..., 30$，$i = 1, 2, ..., 13$；

（4）低碳创新网络多主体协同创新辅助条件评价：

$$a_i^S = \langle 1 - \prod_{j=31}^{35}(1-\mu_{ij})^{\omega_j^S}, \prod_{j=31}^{35}(\nu_{ij})^{\omega_j^S} \rangle, \omega_j^S = \omega_j / \sum_{j=31}^{35}\omega_j \qquad （6-23）$$

式中，$j = 31, ..., 35$，$i = 1, 2, ..., 13$；

（5）低碳创新网络多主体协同创新总体评价：

$$a_i = \langle 1 - \prod_{j=1}^{35}(1-\mu_{ij})^{\omega_j}, \prod_{j=1}^{35}(\nu_{ij})^{\omega_j} \rangle \qquad （6-24）$$

式中，$j = 1,...,35$，$i = 1,2,...,13$。

所得到的各省（直辖市）低碳创新网络多主体协同创新投入、协同创新合作、协同创新产出、协同创新辅助条件、协同创新总体评价结果，以及各省（直辖市）的排名情况，具体如表6-7至表6-11所示。

表6-7 低碳创新网络多主体协同创新投入直觉模糊综合评价结果及排名

排名	省份	μ	v	Δ	排名	省份	μ	v	Δ
1	北京	0.799	0.154	0.644	8	湖北	0.408	0.523	−0.114
2	广东	0.602	0.193	0.409	9	安徽	0.404	0.521	−0.117
3	江苏	0.577	0.345	0.231	10	江西	0.383	0.559	−0.176
4	浙江	0.471	0.442	0.029	11	重庆	0.342	0.570	−0.228
5	湖南	0.449	0.480	−0.031	12	河北	0.359	0.591	−0.232
6	四川	0.433	0.500	−0.066	13	天津	0.339	0.608	−0.269
7	上海	0.423	0.499	−0.076					

表6-8 低碳创新网络多主体协同创新合作直觉模糊综合评价结果及排名

排名	省份	μ	v	Δ	排名	省份	μ	v	Δ
1	北京	0.905	0.061	0.845	8	浙江	0.452	0.517	−0.065
2	广东	0.766	0.162	0.604	9	安徽	0.420	0.552	−0.132
3	江苏	0.608	0.341	0.267	10	天津	0.404	0.568	−0.164
4	上海	0.542	0.431	0.110	11	重庆	0.390	0.594	−0.205
5	湖北	0.481	0.491	−0.011	12	江西	0.378	0.585	−0.207
6	四川	0.466	0.498	−0.032	13	河北	0.378	0.600	−0.222
7	湖南	0.444	0.492	−0.048					

表6-9 低碳创新网络多主体协同创新产出直觉模糊综合评价结果及排名

排名	省份	μ	v	Δ	排名	省份	μ	v	Δ
1	北京	0.849	0.054	0.795	8	重庆	0.402	0.512	−0.110
2	广东	0.666	0.250	0.416	9	湖南	0.417	0.571	−0.154
3	江苏	0.574	0.330	0.244	10	天津	0.412	0.569	−0.157
4	上海	0.591	0.375	0.215	11	安徽	0.397	0.570	−0.172
5	浙江	0.491	0.479	0.012	12	江西	0.374	0.600	−0.227
6	湖北	0.460	0.526	-0.066	13	河北	0.358	0.614	-0.256
7	四川	0.436	0.517	-0.081					

表6-10 低碳创新网络多主体协同创新辅助条件直觉模糊综合评价结果及排名

排名	省份	μ	v	Δ	排名	省份	μ	v	Δ
1	广东	0.879	0.113	0.766	8	湖北	0.436	0.545	−0.109
2	江苏	0.740	0.252	0.488	9	湖南	0.429	0.551	−0.123
3	浙江	0.589	0.369	0.220	10	安徽	0.425	0.559	−0.134
4	四川	0.545	0.440	0.105	11	江西	0.359	0.620	−0.262
5	河北	0.459	0.518	−0.059	12	重庆	0.351	0.621	−0.270
6	北京	0.422	0.510	−0.089	13	天津	0.327	0.666	−0.338
7	上海	0.442	0.540	−0.098					

表6-11 低碳创新网络多主体协同创新总体直觉模糊综合评价结果及排名

排名	省份	μ	v	Δ	排名	省份	μ	v	Δ
1	北京	0.841	0.091	0.751	8	湖南	0.435	0.520	−0.086
2	广东	0.724	0.187	0.537	9	安徽	0.410	0.551	−0.142
3	江苏	0.608	0.327	0.280	10	重庆	0.379	0.563	−0.184
4	上海	0.525	0.436	0.089	11	天津	0.385	0.587	−0.202
5	浙江	0.486	0.470	0.016	12	江西	0.376	0.588	−0.212
6	四川	0.459	0.498	−0.039	13	河北	0.377	0.593	−0.217
7	湖北	0.454	0.515	−0.062					

四、低碳创新网络多主体协同创新评价结果分析

（一）低碳创新网络多主体协同创新投入评价分析

图6-1展示了各省（直辖市）低碳创新网络多主体协同创新投入直觉模糊综合评价结果，及其由高到低的排名依次为：北京、广东、江苏、浙江、湖南、四川、上海、湖北、安徽、江西、重庆、河北、天津。

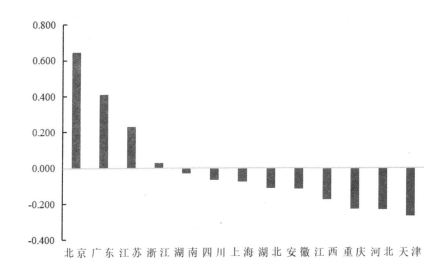

图6-1 低碳创新网络多主体协同创新投入直觉模糊综合评价结果比较

由图6-1可以看出，各省（直辖市）低碳创新网络多主体协同创新投入水平存在明显差异。北京、广东低碳创新网络多主体协同创新投入水平与其他省（直辖市）相比处于上游，其中，北京主要在研究与开发机构数、研究与开发机构（R&D）人员全时当量、高等学校（R&D）人员全时当量等指标上明显优于其他省（直辖市），广东在规上工业企业R&D人员全时当量、财政科学技术支出以及财政教育支出指标上具有显著优势，提升了其低碳创新网络多主体协同创新投入水平；江苏和浙江的低碳创新网络多主体协同创新投入水平处于中等，主要在有研究与试验发展（R&D）活动的规模以上工业企业数和规上工业企业R&D人员全时当量指标上表现较为突出；湖南、四川、上海、湖北、安徽、江西、重庆、河北和天津的低碳创新网络多主体协同创新投入水平相对较低，其中，湖南、四川、湖北、安徽在高等学校数指标上表现相对较好，上海在高等学校（R&D）人员全时当量指标上表现相对较好，其他省（直辖市）低碳创新网络多主体协同创新投入各项指标均需提升。

（二）低碳创新网络多主体协同创新合作评价分析

图6-2展示了各省（直辖市）低碳创新网络多主体协同创新合作直觉模糊综合评价结果，及其由高到低的排名依次为：北京、广东、江苏、上海、湖北、四川、湖南、浙江、安徽、天津、重庆、江西、河北。

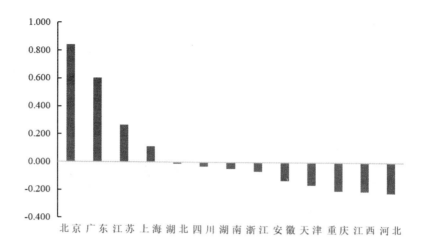

图6-2 低碳创新网络多主体协同创新合作直觉模糊综合评价结果比较

由图6-2可以看出，各省（直辖市）低碳创新网络多主体协同创新合作水平存在明显差异。虽然北京、广东低碳创新网络多主体协同创新合作水平明显高于其他省（直辖市），但是在各指标下的表现略有不同，北京主要在研究与开发机构R&D经费内部支出中的政府资金、研究与开发机构R&D经费内部支出中的企业资金、研究与开发机构R&D经费外部支出（对高校）、研究与开发机构R&D经费外部支出（对企业）方面呈现出较大优势，而广东主要在规上工业企业R&D经费内部支出中的政府资金、规上工业企业R&D经费外部支出（对研究机构）方面表现出较大优势；与之相比，江苏和上海处于中等水平，更深入分析表明，形成这种态势的原因各不相同，对于上海，促进指标主要表现在规上工业企业、高校、研究与开发机构R&D经费内部支出中的政府资金较多，而江苏在规上工业企业R&D经费外部支出（高校）表现出了较大优势，遥遥领先于其他省份；湖北、四川、湖南、浙江、安徽、天津、重庆、江西和河北处于落后水平，在低碳创新网络多主体协同创新合作方面的各项指标均表现一般。

（三）低碳创新网络多主体协同创新产出评价分析

图6-3展示了各省（直辖市）低碳创新网络多主体协同创新产出直觉模糊综合评价结果，及其由高到低的排名依次为：北京、广东、江苏、上海、浙江、湖北、四川、重庆、湖南、天津、安徽、江西、河北。

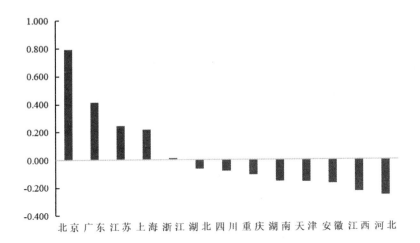

图6-3　低碳创新网络多主体协同创新产出直觉模糊综合评价结果比较

由图6-3可以看出，北京、广东的低碳创新网络多主体协同创新产出水平相较于其他省（直辖市），仍具有明显优势，与低碳创新网络多主体协同创新投入、协同创新合作排名一致，主要是由于北京和广东在技术输出地域合同金额、技术流向地域合同金额、高等院校专利所有权转让及许可收入、研究机构专利所有权转让及许可收入指标上具有较强优势，展现了较强的技术共享能力和知识转移能力，而北京在技术市场成交额和国外三大检索工具收录科技论文数指标上具有突出优势，广东在新产品销售收入和低碳专利申请量指标方面优势明显；江苏、上海和浙江三个省（直辖市）的低碳创新网络多主体协同创新产出水平处于中等，三个省（直辖市）在低碳创新网络多主体协同创新产出下各指标层的产出成果较好，各项指标分布也较为均衡；湖北、四川、重庆、湖南、天津、安徽、江西和河北在低碳创新网络多主体协同创新产出水平的排名靠后，进一步分析可以发现，各省（直辖市）形成这样态势的原因各不相同，例如，仔细分析重庆的表现可以发现，虽然重庆在碳排放量方面采取了相对有效的措施，但是在技术市场成交额、新产品销售收入等方面则需要进一步提升，而河北与之相反，在碳排放方面需要进一步采取改进措施，降低碳排放量。

（四）低碳创新网络多主体协同创新辅助条件评价分析

图6-4展示了各省（直辖市）低碳创新网络多主体协同创新辅助条件直

觉模糊综合评价结果，及其由高到低的排名依次为：广东、江苏、浙江、四川、河北、北京、上海、湖北、湖南、安徽、江西、重庆、天津。

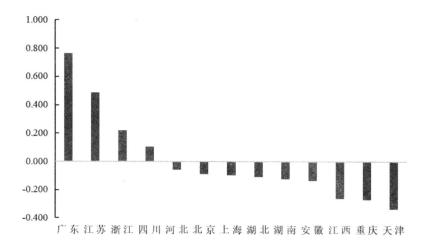

图6-4　低碳创新网络多主体协同创新辅助条件直觉模糊综合评价结果比较

由图6-4可以看出：广东和江苏的低碳创新网络多主体协同创新辅助条件明显高于其他省份，这两个省份的共同特点是地区生产总值、金融机构贷款余额、大专以上学历人口数均高于其他省（直辖市），特别是广东在金融机构贷款余额方面具有明显优势；浙江和四川两省处于中等水平，在低碳创新网络多主体协同创新辅助条件下各指标表现平稳；河北、北京、上海、湖北、湖南、安徽、江西、重庆和天津在低碳创新网络多主体协同创新辅助条件方面排名靠后，各省（直辖市）的原因各不相同，例如，上海在外商投资企业投资总额方面表现较为突出，在地区生产总值和大专以上学历人口数方面还需要很大的提升空间，而湖北则与之相反，在外商投资企业投资总额方面还需要进一步加强。

（五）低碳创新网络多主体协同创新总体评价分析

图6-5展示了各省（直辖市）低碳创新网络多主体协同创新总体直觉模糊综合评价结果，及其由高到低的排名依次为：北京、广东、江苏、上海、浙江、四川、湖北、湖南、安徽、重庆、天津、江西、河北。

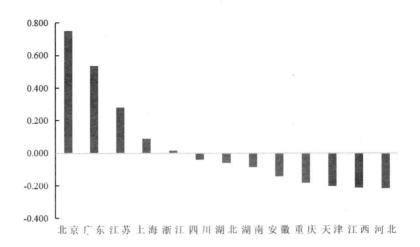

图6-5　低碳创新网络多主体协同创新总体直觉模糊综合评价结果比较

由图6-5可以看出，各省（直辖市）低碳创新网络多主体协同创新总体水平存在显著差异，将京津冀、长三角、长江中游、珠三角和成渝5个典型区域的13个省（直辖市）低碳创新网络多主体协同创新总体水平分成三个层级，第一层级省（直辖市）总体评价得分介于0.5~1，第二层级省（直辖市）总体评价得分介于0~0.5，第三层级省（直辖市）总体评价得分介于–0.5~0，如表6-12所示。

由表6-12可得，北京和广东低碳创新网络多主体协同创新总体水平位居第一层级，主要是由于北京和广东在低碳创新网络多主体协同创新评价四个维度具有良好的表现。特别是北京，是我国的首都和中心城市，发挥着重要的区位优势，在京津冀低碳创新网络多主体协同创新中，其辐射范围也在不断加大，低碳创新网络多主体协同创新总体水平最高；第二层级的省（直辖市）是江苏、上海和浙江，低碳创新网络多主体协同创新总体水平中等，其中，江苏的低碳创新网络多主体协同创新投入水平、协同创新合作水平、协同创新产出水平和协同创新辅助条件水平的排名紧随广东，上海的低碳创新网络多主体协同创新合作水平、协同创新产出水平的排名紧随江苏，浙江的低碳创新网络多主体协同创新投入水平、协同创新辅助条件水平的排名紧随江苏；第三层级的省（直辖市）是四川、湖北、湖南、安徽、重庆、天津、江西和河北，低碳创新网络多主体协同创新总体水平相对落后，与低碳创新网络多主体协同创新投入、协同创新合作、协同创新产出和协同创新辅助条件排名基本一致，在各指标下都处在不利地位，这对促进低碳创新网络多主体协同创新水平提升产生了很大影响。

表6-12　低碳创新网络多主体协同创新类型

类别	第一层级 [0.5, 1]	第二层级 [0, 0.5)	第三层级 [-0.5, 0)
省（直辖市）	北京、广东	江苏、上海、浙江	四川、湖北、湖南、安徽、重庆、天津、江西、河北

综合上述对低碳创新网络多主体协同创新投入、协同创新合作、协同创新产出和协同创新辅助条件情况分析可知，第一层级省（直辖市）的低碳创新网络多主体协同创新水平比较稳定，与低碳创新网络多主体协同创新投入水平、协同创新合作水平和协同创新产出水平排名一致，其中，北京在低碳创新网络多主体协同创新辅助条件方面，应进一步提高地区经济基础和社会发展水平；第二层级省（直辖市）的低碳创新网络多主体协同创新水平整体波动较大，其中，上海和浙江分别在低碳创新网络多主体协同创新辅助条件和协同创新合作的排名波动起伏较大，而江苏在各方面的排名都相对稳定；第三层级省（直辖市）的低碳创新网络多主体协同创新水平整体比较稳定，各项指标的水平不高。

第四节　本章小结

本章对低碳创新网络多主体协同创新评价机制进行了研究。首先，基于评价指标体系构建原则，结合低碳创新网络内涵和协同创新理论，从低碳创新网络多主体协同创新投入、协同创新合作、协同创新产出、协同创新辅助条件四个维度构建了低碳创新网络多主体协同创新评价指标体系；其次，利用层次分析法-熵值法相结合的主客观赋权法确定了各评价指标的权重；最后，运用直觉模糊综合评价法对京津冀、长三角、长江中游、珠三角和成渝5个典型区域的13个省（直辖市）进行评价与分类。

第七章　低碳创新网络多主体协同创新促进策略

在对低碳创新网络多主体协同创新互动关系、知识转移机制、决策机制和评价机制分析的基础上，本章从核心主体角度、支撑主体角度以及核心主体与支撑主体互动关系角度，提出低碳创新网络多主体协同创新的促进策略，为提升低碳创新发展效果提供一些理论指导与建议。

第一节　基于核心主体角度的促进策略

一、企业层面

（一）加强以企业为中心的低碳创新网络建设

企业在进行低碳创新过程中应该避免封闭式发展模式，强化企业与其他主体之间建立协同合作意识，通过与其他主体进行低碳创新信息、技术、知识、人员等多种创新资源的交流、互动，形成多主体协同创新的低碳创新网络。一方面，企业可以与具有一定低碳创新能力的企业进行低碳创新合作，在低碳技术创新研发、低碳创新产品市场开发、人力资源培训等多个方面共同合作，相互联系，形成专业合作、资源互补的低碳创新网络形式。另一方面，企业可以与学研机构等创新主体建立合作关系，构建以企业和学研机构为核心主体的低碳创新网络，共同建立低碳创新研发中心，根据企业低碳创新需求对研发中心进行资金、设备等创新资源投入，与学研机构等创新主体之间建立低碳创新合作关系，进行多个方面合作、交流，形成资源互补、利益共享优势，实现各方低碳创新能力提升，加速低碳创新成果转化，提高研究成果的商业价值，提升企业甚至整个创新网络的低碳创新水平。

（二）提高企业低碳创新要素协同

创新要素是企业开展低碳创新活动的重要组成部分，创新要素在不同主体之间的流动有利于促进企业低碳创新发展，因此，低碳创新要素协同主要包括低碳创新研发资金、低碳创新人才、低碳创新技术三个方面的协同。首先，低碳创新研发资金为购买低碳创新材料、设备提供了资金保障。不同企业之间通过低碳创新项目合作，可以使低碳创新研发资金流动起来，有助于解决部分企业资金闲置或者企业进行低碳创新资金不充裕的问题。其次，企业可以通过定期培训、考察、交流的方式，将低碳创新人员派遣到其他企业、学研机构，也可以邀请其他企业、学研机构的专家、人才到企业中来开展低碳创新系列讲座、培训等，促进低碳创新人才交流，提升低碳创新人才素质。最后，由于不同企业、学研机构的低碳技术创新水平存在差异，企业可以通过合作研发和技术转让等形式提升企业整体低碳技术创新水平。企业与企业或者学研机构等创新主体之间通过建立合作关系，共同开展低碳研发、生产等工作，可以有效提升企业低碳创新水平。低碳创新水平较高的企业或者学研机构等创新主体主要提供技术和人才支持，低碳创新水平相对较低的企业主要提供研发资金、设备、场地等，低碳协同创新成果归多个合作主体所有，有利于促进企业与企业、学研机构等创新主体之间低碳协同创新。共同合作研发和生产可以有效提高企业低碳创新要素协同，提升企业低碳创新能力和效率。

（三）增强企业与用户互动

企业进行低碳创新过程中通过与用户进行有效的交流和互动，使其能够及时掌握用户需求信息，及时、准确了解低碳创新方向，实现低碳创新与用户需求相匹配，提高企业低碳创新有效性。首先，企业与用户之间建立有效的信息反馈机制，方便企业能够及时、准确地了解用户对低碳创新产品的需求，这样企业能够有针对性地进行低碳创新，避免因为盲目创新而失去市场。其次，企业也可以邀请用户参与到低碳创新产品设计、生产中，根据用户对低碳创新给予的建议，开展低碳创新产品研发、设计、生产，使低碳创新产品更符合用户需求。最后，企业利用现代信息技术对用户市场进行调研，通过整理和分析调研信息，归纳、总结出用户对低碳创新产品的需求，再将用户需求融入低碳创新中，提高企业与用户需求之间的匹配程度，缩短低碳创新产品生产周期，提升低碳创新成果转化率。

二、学研机构层面

（一）注重低碳创新人才培养

学研机构相较于其他创新主体具有突出的创新能力，特别是在低碳创新人才方面具有显著优势。在低碳创新网络多主体协同创新中，学研机构通过吸收、凝聚大量的低碳创新人才，提高了其自身低碳创新研究能力，实现了低碳知识和技术的创新与突破，为低碳创新网络多主体协同创新不断培养和输送低碳创新人才。因此，学研机构在培养低碳创新人才时，可以从以下三个方面入手。首先，借助学研机构自身学科优势和专业背景，探索建设低碳创新相关专业，在低碳创新相关研究领域研究基础上，培养出具备低碳创新思维和能力的专业人才。其次，通过与国内外高水平学研机构合作、联合办学，培养出具有低碳创新科研能力和实践创新能力的高水平低碳创新人才。最后，提高低碳创新团队建设，可以从低碳创新相关研究领域选取人才，组建低碳创新相关研究领域专业化研究团队，推动低碳创新学科、人才队伍的建设和发展。

（二）加强学研机构与企业合作

低碳创新网络中学研机构是低碳创新过程中的智力保障，在与企业协同创新过程中主要进行低碳创新与研发工作，企业可以为学研机构提供低碳创新资金支持、市场需求信息，促进低碳创新成果转化。一方面，学研机构通过与企业合作，形成产学研创新体系，能够提升自身低碳创新能力、提高低碳创新成果转化为实际产品的效率，最终实现低碳创新在学研机构与企业之间从研发向产品的快速转化，创造经济价值。另一方面，学研机构与企业合作创新过程中，充分利用自身知识、技术等创新资源进行低碳创新的同时，通过与企业之间建立稳定的合作关系，可以更直接地接触市场，了解用户需求，更好地发挥自身科研优势开展低碳创新研究。

（三）构建以学研机构为核心的协同创新平台

为了更好地促进低碳创新网络中创新资源在学研机构、企业等不同创新主体之间流动，实现协同创新资源共享，需要构建以学研机构为核心的协同创新平台。协同创新平台是以学研机构为核心，促进低碳创新研究、培养低碳创新人才为目标，实现低碳创新网络中学研机构与其他创新主体之间知识、技术、人才等创新资源交流、互动的组织。在低碳创新网络协同创新平台上，学研机构可以与学研机构之间进行低碳创新大型仪器、设备、实验室等创新资源的共同使用，提高创新资源使用效率。同时，学研机构也可以与企业、中介机构等创新主体之间协同合作，建立低碳创新知识、技术、市场信息共享机制，学研机构根据企业、中介机构等创新主体提供的市场信息，提高低碳创新研发与市场需求的匹配程度，避免由于信息不对称造成的损失，有效促进学研机构获得用户需求信息，提高低碳创新产品的市场适应性，实现低碳创新产品从研发到成果转化的有效发展，进一步提高学研机构低碳创新成果转化率和有效率。因此，通过建设协同创新平台可以更加有效地打破不同主体之间限制，实现学研机构与其他创新主体之间合作、交流，使创新资源得到更有效的利用，促进低碳创新网络多主体协同创新。

第二节　基于支撑主体角度的促进策略

一、政府层面

（一）完善宏观政策环境建设

政策制度的制定与创新是驱动低碳创新发展的重要因素，因此国家政府需要结合国民经济和社会发展规划对低碳创新进行总体安排和部署，整合现有资源，制定相应的低碳创新发展政策制度，激发创新主体活力，促进低碳网络多主体协同创新发展。首先，政府在制定战略规划时注重引导企业、学研机构等主体开展低碳创新，地方政府根据地区经济与产业实际发展需要，鼓励企业、学研机构、中介机构、金融机构等主体开展低碳创新战略合作，制定有利于低碳创新和地方经济发展的战略规划，从政府层面积极引导、鼓励创新主体主动开展低碳创新合作，培养创新主体结网意识，促进低碳创新网络形成。其次，政府要健全低碳创新有关的法律和制度。由于低碳创新市场对知识产权有更高需求，因此，政府需要积极采取措施，建立一个更为健全的保护低碳创新的知识产权的法律和制度，对低碳创新网络中企业、学研机构等创新主体的知识产权成果进行保护，避免创新主体遭受到知识侵权，减少创新主体保护知识产权的成本等。最后，政府应该完善低碳创新网络多主体协同创新的相关法律法规，规范协同创新主体行为，特别是在低碳创新网络中企业、学研机构等协同创新主体之间建立合理的利益分配机制、违约惩罚机制、低碳创新奖励机制等，促进低碳创新网络多主体协同创新有序进行。

（二）加强宣传低碳发展理念

政府通过宣传低碳发展理念和低碳生产、生活方式，激发企业、学研机构、中介机构、金融机构以及用户低碳创新热情。首先，政府可以通过建立健全的低碳创新相关法律法规，引导企业进行低碳创新研发、生产等活动，规范低碳创新行为。其次，政府可以通过公益广告、新闻报道等多种方式，提高宣传低碳生活方式和消费理念力度，增强公众对低碳创新的认识。最后，政府通过定期举办低碳创新技术、产品相关展览会，在生产与消费之间建立起沟通平台，促进政府宣传低碳发展理念，使消费者更直观地接触到低碳创新产品，引导消费者形成低碳消费习惯，从而促进企业开展低碳创新生产。

（三）加大政府资金支持力度

企业、学研机构进行低碳创新时需要一些重要的硬件设施、科研人员等，因此，低碳创新成本和风险相对较高，这就需要政府在一定程度上为企业和学研机构提供适当的资金支持，提高企业和学研机构进行低碳创新的积极性。首先，政府可以设立专门的低碳创新研发经费，用来奖励对低碳创新项目进行投资的企业、积极建设低碳创新研发中心的部门、开展低碳技术创新研发的科研人员以及促进低碳技术创新成果转化的企业等。政府对低碳创新活动投入财政预算，既保证了创新主体进行低碳创新技术和产品的研发、生产所需的研发资金，也激发了创新主体开展低碳创新的热情。其次，政府可以采取财政贴息政策、碳税优惠政策等，对企业、学研机构等创新主体的低碳创新研发和成果转化等进行补贴，为其支付全部或部分贷款利息，减少企业碳税支出，吸引更多社会资本参与到低碳创新领域，从原来的财政政策方针指引向资金支持方向转变。最后，政府可以与银行进行沟通、协调，为企业、学研机构等创新主体提供低碳创新项目融资服务，银行按照国家相关政策和自身利益给予企业、学研机构等创新主体贷款优惠，在政策条件、利率等方面给予一定的照顾性贷款，帮助企业、学研机构等创新主体开展低碳创新活动。

二、相关机构层面

（一）发挥中介机构服务职能

在低碳创新网络中，中介机构是多主体之间协同创新的信息桥梁与纽带，为不同创新主体提供低碳创新人才培训、知识、技术等多方面信息咨询和交流，发挥中介机构的服务支持作用。中介机构根据创新主体服务需求，积极组织和整合社会资源开展咨询服务，在创新主体之间建立起联系，起到黏合和支撑作用，实现创新主体之间知识、技术的有效连接，促进主体之间协同创新，提升低碳创新效率。因此，中介机构在低碳创新网络中发挥着重要的作用，在实际低碳创新过程中应不断完善中介机构的服务职能，发挥中介机构的服务优势与能力。首先，积极构建和壮大中介机构，完善和开发中介机构的服务功能，为创新主体提供多种低碳创新资源，解决低碳创新人才培养、信息、技术咨询与交流等中介服务。其次，鼓励中介机构直接参与到协同创新中，提高低碳创新相关信息共享平台、创新成果孵化机构的积极性，与创新主体合作共建，在协同创新不同环节为创新主体提供低碳创新信息、技术、经济等信息服务，实现中介机构信息集散功能，使创新主体之间信息有效对接，实现低碳创新资源和服务共享。最后，拓展中介机构服务范畴。中介机构可以根据市场需求，丰富和创新服务形式与内容，在提供给创新主体传统中介服务的同时，根据收集到的市场信息，为企业、学研机构等创新主体提供低碳创新风险预测、低碳技术创新适用性评估等相关咨询服务，满足创新主体在低碳创新过程中对中介机构的不同需求。

（二）拓宽低碳创新融资渠道

低碳创新网络中创新主体进行低碳创新时，需要投入大量资金进行低碳创新研发、生产等，而企业、研发机构等创新主体仅仅依靠自身的创新资金、政府给予的创新补贴、财政补贴不能保证低碳创新整个过程能够顺利完成，需要金融机构发挥金融支持作用，因此，需要促进金融机构发展，优化低碳创新融资环境、拓宽创新主体低碳创新融资渠道，为低碳创新提供多样化的资金支持服务。一方面，支持金融机构与企业、学研机构等创新主体进行合作、对接，对企业、学研机构等创新主体提供投资和增值服务，创新金融产品和服务方式。支持金融机构与企业、学研机构等创新主体合作，积极探索、创新金融产品和业务，全面结合各类创新主体特点，逐步开发和推进碳证券、碳期货、知识产权质押融资等业务，通过银行贷款、债务融资等方式，支持企业、学研机构开展低碳创新研发和生产活动。另一方面，提高金融机构服务人员低碳创新服务意识，可以根据企业、学研机构等创新主体融资需求，建设低碳创新金融综合服务平台，为进行低碳创新的企业、学研机构等创新主体提供资金支持，帮助创新主体解决融资问题，促进低碳创新研发、生产、成果转化，放大金融机构作用，推进低碳创新进程。

三、用户层面

用户在低碳创新网络多主体协同创新过程中扮演着消费者的角色，是低碳创新网络中的消费主力，其需求是企业、学研机构等创新主体开展低碳创新活动的动力和方向。由于用户对低碳创新产品的了解和需求不同，为低碳创新发展提供了无限可能。政府、企业、学研机构等创新主体在进行低碳创新时，应该积极引导用户树立低碳消费理念，形成低碳消费行为，提高用户低碳创新参与度。首先，政府可以通过公益广告、新闻报道等多种方式，加大对低碳创新发展重要性的宣传力度，增强用户对低碳创新产品和服务的认识。通过增强消费者低碳消费、低碳生活观念，建立起低碳市场需求，养成低碳消费习惯和生活方式，深化用户对低碳创新产品的认识，带动低碳市场需求，刺激企业、学研机构等创新主体进行低碳创新，形成低碳创新良性循环。其次，加强企业、学研机构等创新主体与用户之间的互动。企业、学研机构不定期对用户进行调研，向用户发放低碳创新礼品、举办低碳创新成果展示活动等，缩小用户与低碳创新产品研发者和生产者之间距离，增加用户参与感和体验感，使用户能够近距离接触低碳创新产品和服务，同时企业、学研机构等创新主体也能够及时了解用户低碳创新需求，促进用户与企业、学研机构等创新主体之间互动。最后，提高用户对低碳创新产品的忠诚度。由于用户与企业、学研机构之间信息的不对称性，使得用户对低碳创新产品和服务不够了解，因此，应加强用户与企业、学研机构之间的互动与沟通，使得用户在树立环保意识和低碳消费观念的同时，能够更了解低碳创新产品和服务，提高用户与企业、学研机构之间的信任程度。

第三节　基于核心主体与支撑主体互动关系角度的促进策略

一、优化多主体协同创新体系

由前文对低碳创新网络中各创新主体的分析可知，低碳创新网络中多主体协同创新不是各创新主体功能的简单叠加，在各个创新主体协同创新过程中，应该加强协同创新合作主体之间的协调与互动，产生协同效应，形成资金、人才、技术、知识等创新资源共享、优势互补，实现低碳创新网络中各创新主体的利益最大化。因此，要明确低碳协同创新主体特点和作用，选择合适的协同合作主体，保持低碳创新网络多主体协同创新的稳定性，加强创新主体之间的协作程度。低碳创新网络中各创新主体发挥各自优势，促使各创新主体满意，达到良好的合作关系。政府发挥指引作用，制定低碳创新政策和制度，增加低碳创新研发资金费用支出比重，激励企业、学研机构等创新主体进行低碳协同创新合作；提高政府对企业、学研机构等创新主体的财政投入和税收优惠，鼓励中介机构、金融机构发挥支撑作用，引导用户对低碳创新产品和服务进行消费；实现低碳创新人才、技术等资源共享、不同主体之间优势互补，促进低碳创新成果转化，完善低碳创新网络中企业、学研机构、中介机构、金融机构、用户等多主体之间的合作关系，实现低碳创新知识溢出、多主体有效的合作交流互动，促进低碳创新网络多主体协同创新良性发展。

二、加强创新主体间信任管理

信任是低碳创新网络中协同创新主体之间合作的基础和前提，在一定程度上影响着创新主体之间交流、合作、协同的程度。低碳创新网络中创新主体所处的地位和发挥的作用不同，容易造成价值观、文化冲突，将会增加创新主体之间的不信任程度，各创新主体的合作意识偏向于维护自身利益，使得创新主体之间不断进行博弈，增加交易费用和监管成本，抑制创新主体之间知识转移、信息流动、技术交流等，不利于形成协同效应。因此，在低碳创新网络多主体协同创新过程中，需要建立一套完整的有利于低碳创新网络中创新主体之间相互信任，深化主体之间合作关系的管理制度。一方面企业、学研机构等低碳协同创新主体通过提高自身社会声誉、低碳创新能力、社会地位等，有利于增强创新主体之间相互信任程度。另一方面低碳协同创新主体之间通过加强互动沟通与信息交流，增加彼此信任和了解，创造相互信任的合作氛围，各创新主体显示出低碳创新合作诚意，基于低碳创新共同发展目标，建立合作信任关系，促进低碳创新网络多主体协同创新稳定发展。此外，低碳创新网络多主体协同创新过程相对比较复杂，协同创新主体之间的信任模式在协同创新的不同阶段发生着变化。在低碳协同创新初期，创新主体之间不熟悉，往往需要通过契约的形式，履行各方责任；随着创新主体之间交流更加频繁，合作关系更加密切，在低碳协同创新的末期，创新主体之间的合作关系相对低碳协同创新初期和中期变得更加稳定，彼此之间信任将会达成默契，协同合作关系变得更加灵活、稳定。

三、完善协同创新利益分配机制

低碳创新网络多主体协同创新包含多个创新主体，创新主体之间价值观和利益诉求存在差异，所以在低碳协同创新过程会存在利益摩擦的问题，利益分配不合理将会制约协同创新主体之间的深度合作，为了促进低碳创新网络多主体协同创新长期平稳、高效发展，需要制定科学、合理的利益分配机制。一方面，可以由参与低碳协同创新的企业、学研机构、政府等多个主体共同制定利益分配方案，依据低碳协同创新各主体对低碳创新的投入多少、努力水平高低、贡献程度大小、承担风险大小等内容确定利益分配原则，制定各方满意的、公平的、合理的利益分配方案。通过满足各创新主体的利益需求，充分调动企业、学研机构、政府等创新主体参与低碳协同创新的主动性和积极性，促进低碳协同创新主体之间建立持续稳定的合作关系。另一方面，需要充分考虑低碳协同创新参与主体各方的利益需求特征，制定利益分配内容。对于低碳创新网络中的不同主体，在低碳协同创新过程中的利益诉求各不相同，例如企业更加注重低碳创新成果带来的商业价值、经济效益等；学研机构更加注重低碳创新所带来的社会影响、科研声誉等；政府更加关注低碳创新是否能够真正解决经济和社会发展中所带来的资源、环境问题等。因此，针对不同主体的需求特征可以丰富利益分配形式，包括：现金奖励、授予荣誉称号、研究人员的职称晋升等多种形式，满足不同协同创新主体的不同利益需求。因此，在低碳创新网络多主体协同创新过程中，制定利益分配策略时应该充分考虑低碳协同创新主体投入多少、贡献程度大小、承担风险程度、利益诉求等多种因素，保证利益分配方案的设置更加科学、公平、合理。

四、加强协同创新监督机制

低碳创新网络多主体协同创新过程中，不同创新主体之间存在知识势差、信息不对称等问题，很可能会导致创新主体出现违背契约、中途停止协同创新等情况的出现。因此，为了更好地规范协同合作创新主体行为，避免低碳协同创新过程违约等现象的出现，需要采取有效措施，对低碳创新网络中创新主体的协同创新行为展开监督，保证创新主体之间的合作行为和协同创新活动持续进行。通常情况，可以通过以下三个途径加强协同创新监督：一是可以在低碳创新网络协同创新系统中建立内部监督机制，由参与协同创新的主体共同行使监管权力，共同维护协同创新系统稳定。二是建立独立的内部监管机制，监管主体不参与协同创新，与低碳协同创新主体分离，以便更好地行使监管权力，保证实施监管公平、公正。三是低碳创新网络中多主体在低碳协同创新过程中完善违约惩罚制度，明确违约责任和惩罚金额，增加违约成本，使违约的创新主体支付远超过其预期收益的罚金，防止创新主体产生投机行为，同时也鼓励用户参与到低碳创新网络多主体协同创新监督工作中，从用户的角度发挥市场监管作用，促进低碳创新网络多主体协同创新顺利进行。

第四节　本章小结

本章根据前文的研究结果，主要从低碳创新网络核心主体角度、支撑主体角度以及核心主体与支撑主体互动关系角度提出了低碳创新网络多主体协同创新的促进策略。旨在整合低碳创新资源、促进低碳创新要素协同，加强创新主体之间联系，发挥各创新主体在低碳创新网络协同创新中的作用，为提升低碳创新发展效果提供理论指导。

第八章　结论

在发展低碳经济和实施创新驱动发展战略背景下，本书对低碳创新网络多主体协同创新机制进行了具体研究，明确了低碳创新网络多主体协同创新的相关概念和理论，对低碳创新网络多主体协同创新互动关系、知识转移机制、决策机制、评价机制进行了研究，提出了低碳创新网络多主体协同创新的促进策略。本文的主要结论如下：

（1）通过理论分析可知，政府、企业、学研机构、中介机构、金融机构以及用户构成了低碳创新网络中的多个主体。其中，企业和学研机构是核心主体，政府、中介机构、金融机构以及用户是支撑主体，核心主体和支撑主体之间存在着密切的互动联系，共同促进低碳创新网络的持续演化与完善，从而形成一个具有竞争力和创新能力的低碳创新网络。

（2）运用系统动力学方法，构建了低碳创新网络多主体协同创新中学研机构和企业之间正向和反向知识转移模型，仿真分析了知识转移行为、知识特性、知识转移情境、知识整合能力、消费者参与五类因素对知识转移的影响。研究得出，低碳创新网络多主体协同创新正向知识转移相对反向知识转移对五类因素的变化更为敏感，而五类因素对知识转移的影响程度由高到低依次为消费者参与、知识转移情境、知识特性、知识转移行为、知识整合能力。其中，消费者参与、知识转移行为和知识整合能力均呈正向影响，消费者参与中的服务定制对知识转移有更显著的影响作用；知识转移情境中的低碳文化竞争力和信任程度为正向影响，组织距离为负向影响，且低碳文化竞争力对知识转移影响效果更显著；知识特性的负向影响在正向知识转移过程中更明显。

（3）运用演化博弈理论，建立了低碳创新网络中政府、企业、学研机构三方低碳协同创新决策演化博弈模型，利用数值仿真方法，重点研究了成本分摊系数、利益分配系数、政府激励以及违约罚金四个关键因素变化对三方低碳协同创新决策演化结果的影响。研究表明，不同状态下的成本分摊系数、利益分配系数、政府激励、违约罚金对政府、企业及学研机构低碳协同创新决策演化结果的影响存在差异；在通常情况下，政府会选择参与低碳协同创新；设置合理的成本分摊系数和利益分配系数有利于促进企业和学研机构进行低碳协同创新；政府激励有利于刺激企业和学研机构进行低碳协同创新，其中政府碳减排补贴和税收优惠对企业的影响效果更明显，政府的低碳创新科研专项资金对学研机构的影响效果更显著；与学研机构相比，企业对违约罚金变化更敏感。

（4）从协同创新投入、协同创新合作、协同创新产出、协同创新辅助条件四个层面构建了低碳创新网络多主体协同创新评价指标体系，利用主客观赋权法确定了各评价指标的权重。运用直觉模糊综合评价法对京津冀、长三角、长江中游、珠三角和成渝5个典型区域的13个省（直辖市）进行评价和排序。研究表明，低碳创新网络多主体协同创新评价指标影响力由大到小依次为协同创新合作、协同创新产出、协同创新投入、协同创新辅助条件。各省（直辖市）低碳创新网络多主体协同创新总体水平存在显著差异，具有不同的优势和劣势，北京和广东总体水平较强，位居第一层级，江苏、上海和浙江总体水平中等，位居第二层级，四川、湖北、湖南、安徽、重庆、天津、江西和河北总体水平较弱，位居第三层级。

（5）针对理论探讨提出低碳创新网络多主体协同创新促进策略。基于前述分析，从低碳创新网络核心主体角度、支撑主体角度以及核心主体与支撑主体互动关系角度，提出了促进低碳创新网络多主体协同创新的详细策略，从而为相关部门制定低碳创新计划、促进低碳经济和创新驱动发展战略实施，提供参考借鉴。

本文的创新点如下：

（1）构建了低碳创新网络中学研机构和企业之间正向和反向知识转移系统动力学模型。现有关于企业与学研机构之间知识转移的研究，多局限于企业通过获取来源于学研机构的知识转移增强知识创新，即正向知识转移，而忽视了企业的知识创新反作用于学研机构对异质性低碳创新知识需求的影响，即反向知识转移。因此，本文基于系统动力学理论，建立了低碳创新网络多主体协同创新知识转移系统动力学模型，并从动态角度仿真分析了知识转移行为、知识特性、知识转移情境、知识整合能力、消费者参与五个维度因素对低碳创新网络多主体协同创新知识转移的影响，丰富了低碳创新网络中主体协同创新知识转移的内涵。

（2）建立了低碳创新网络中政府、企业和学研机构三个主体的低碳协同创新决策演化博弈模型。现有部分研究者将演化博弈理论运用于低碳创新方面，但多数研究局限于政府、企业、学研机构中的单个主体或者两个主体之间的博弈分析，即使有少数研究者关注三个主体的博弈关系，但仍然选择两两博弈的方法进行研究，忽视了政府在企业和学研机构进行低碳协同创新中的引导、监管、激励作用。因此本书运用演化博弈理论，建立了低碳创新网络中政府、企业和学研机构三方共同参与的低碳协同创新决策演化博弈模型，拓宽了博弈主体在低碳创新网络协同创新中的选择范围。

（3）建立了低碳创新网络多主体协同创新直觉模糊综合评价模型。首先构建了低碳创新网络多主体协同创新评价指标体系，为科学识别影响低碳创新网络多主体协同创新的因素提供一种新思路；然后基于特殊函数构建了新的直觉模糊熵，克服了传统直觉模糊熵存在的反直觉现象，采用层次分析法–熵值法相结合的主客观组合赋权法确定各层级指标权重；最后利用直觉模糊综合评价法对低碳创新网络多主体协同创新评价，为客观评价低碳创新网络多主体协同创新提供了一种新的方法。

本文虽然在低碳创新网络多主体协同创新机制方面取得了一定的研究成果，但也存在以下不足，未来需要进一步研究，具体如下：

（1）在低碳创新网络多主体协同创新决策机制分析过程中，本文只考虑了成本分摊系数、利益分配系数、政府激励以及违约罚金四个关键因素对政府、企业和学研机构三个主体协同创新决策演化结果的影响，未来将充分考虑更多的影响因素和更多主体，可能得到更丰富的研究结果。

（2）对低碳创新网络多主体协同创新知识转移影响因素的归纳、总结可能不够全面，未来应该向更加微观的层面分析，如低碳创新网络结构、创新主体间的合作策略等。

（3）因条件限制，本文缺乏使用实际数据进行数值仿真，在未来的研究中将进一步加强选择具体案例和收集客观数据，使研究结果更具有效性，增加研究结论的实用性。

参考文献

［1］Pan A，Zhang W，Xie Q，et al. Do Carbon Emissions Accelerate Low-Carbon Innovation？ Evidence from 285 Chinese Prefecture-Level Cities［J］. Environmental Science and Pollution Research，2021，28（36）：50510-50524.

［2］Gnyawali D R，Park B J. Co-opetition between Giants： Collaboration with Competitors for Technological Innovation［J］. Research Policy，2011，40（5）：650-663.

［3］曹霞，张路蓬. 基于利益分配的创新网络合作密度演化研究［J］. 系统工程学报，2016，31（1）：1-12.

［4］徐建中，赵亚楠. 基于J-SBM三阶段DEA模型的区域低碳创新网络效率研究［J］. 管理评论，2021，33（2）：97-107.

［5］Rennings K. Redefining Innovation—Eco-innovation Research and the Contribution from Ecological Economics［J］. Ecological Economics，2000，32（2）：319-332.

［6］Berkhout F. Technological Regimes，Path Dependency and the Environment［J］. Global Environmental Change，2002，12（1）：1-4.

［7］Hoffert M I，Caldeira K，Benford G，et al. Advanced Technology Paths to Global Climate Stability： Energy for a Greenhouse Planet［J］. Science，2002，298（5595）：981-987.

［8］Schiederig T，Tietze F，Herstatt C. Green Innovation in Technology and Innovation Management an Exploratory Literature Review［J］. R&D Management，2012，42（2）：180-192.

［9］Berrone P，Fosfuri A，Gelabert L，et al. Necessity as the Mother of 'Green' Inventions： Institutional Pressures and Environmental Innovations［J］. Strategic Management Journal，2013，34（8）：891-909.

［10］Wilson C. Disruptive Low-Carbon Innovations［J］. Energy Research & Social Science, 2018, 37: 216-223.

［11］Geels F W, Schwanen T, Sorrell S, et al. Reducing Energy Demand through Low Carbon Innovation: A Sociotechnical Transitions Perspective and Thirteen Research Debates［J］. Energy Research & Social Science, 2018, 40: 23-35.

［12］Malhotra A, Schmidt T S. Accelerating Low-Carbon Innovation［J］. Joule, 2020, 4（11）: 2259-2267.

［13］Sovacool B K, Newell P, Carley S, et al. Equity, Technological Innovation and Sustainable Behaviour in a Low-Carbon Future［J］. Nature Human Behaviour, 2022, 6（3）: 326-337.

［14］Pettifor H, Wilson C. Low Carbon Innovations for Mobility, Food, Homes and Energy: A Synthesis of Consumer Attributes［J］. Renewable and Sustainable Energy Reviews, 2020, 130: 1-19.

［15］Świadek A, Gorączkowska J, Godzisz K. Conditions Driving Low-Carbon Innovation in a Medium-Sized European Country That Is Catching Up‐Case Study of Poland[J]. Energies, 2021, 14(7): 1-17.

［16］Rogge K S, Schleich J. Do Policy Mix Characteristics Matter for Low-Carbon Innovation? A Survey-Based Exploration of Renewable Power Generation Technologies in Germany［J］. Research Policy, 2018, 47（9）: 1639-1654.

［17］Mercure J F, Knobloch F, Pollitt H, et al. Modelling Innovation and the Macroeconomics of Low-Carbon Transitions: Theory, Perspectives and Practical Use［J］. Climate Policy, 2019, 19（8）: 1019-1037.

［18］Bergh J, Savin I. Impact of Carbon Pricing on Low-Carbon Innovation and Deep Decarbonisation: Controversies and Path Forward［J］. Environmental and Resource Economics, 2021, 80（4）: 705-715.

［19］Polzin F. Mobilizing Private Finance for Low-Carbon Innovation‐A Systematic Review of Barriers and Solutions［J］. Renewable and Sustainable Energy Reviews, 2017, 77: 525-535.

［20］Lyu X，Shi A，Wang X. Research on the Impact of Carbon Emission Trading System on Low-Carbon Technology Innovation［J］. Carbon Management，2020，11（2）：183-193.

［21］Warren P. Blind Spots in Climate Finance for Innovation［J］. Advances in Climate Change Research，2020，11（1）：60-64.

［22］Fragkiadakis K，Fragkos P，Paroussos L. Low-Carbon R&D Can Boost EU Growth and Competitiveness［J］. Energies，2020，13（19）：5236-5264.

［23］Samargandi N，Sohag K. The Interaction of Finance and Innovation for Low Carbon Economy：Evidence from Saudi Arabia［J］. Energy Strategy Reviews，2022，41：1-9.

［24］Arundel A，Kemp R. Measuring Eco-innovation，Working Paper Series［R］. Maastricht：UNU-MERIT，2009：1-40.

［25］Kim H W，Kim J，Kim S K. Measuring the Efficiency of Technology Innovation of the Global Green Car Companies by ANP/DEA Model［J］. Journal of Technology Innovation，2012，20（3）：255-285.

［26］Alptekin O，Alptekin N，Sarac B. Evaluation of Low Carbon Development of European Union Countries and Turkey Using Grey Relational Analysis［J］. Tehnicki Vjesnik-Technical Gazette，2018，25（5）：1497-1505.

［27］Freeman C. Networks of Innovators：A Synthesis of Research Issues［J］. Research Policy，1991，20（5）：499-514.

［28］Cooke P. The New Wave of Regional Innovation Networks：Analysis，Characteristics and Strategy［J］. Small Business Economics，1996，8（2）：159-171.

［29］Corsaro D，Cantù C，Tunisini A. Actors' Heterogeneity in Innovation Networks［J］. Industrial Marketing Management，2012，41（5）：780-789.

［30］Kastelle T，Steen J. Are Small World Networks Always Best for Innovation？［J］. Innovation，2010，12（1）：75-87.

［31］Nepelski D，De Prato G. The Structure and Evolution of ICT Global

Innovation Network [J] . Industry and Innovation, 2018, 25（10）: 940-965.

[32] Kim C, Lee J. The Effect of Network Structure on Performance in South Korea SMEs: The Moderating Effects of Absorptive Capacity [J] . Sustainability, 2018, 10（9）: 1-14.

[33] Innocenti N, Capone F, Lazzeretti L. Knowledge Networks and Industrial Structure for Regional Innovation: An Analysis of Patents Collaborations in Italy [J] . Papers in Regional Science, 2020, 99（1）: 55-72.

[34] Crespo J, Suire R, Vicente J. Lock-In or Lock-Out? How Structural Properties of Knowledge Networks Affect Regional Resilience [J] . Journal of Economic Geography, 2014, 14（1）: 199-219.

[35] Asheim B, Grillitsch M, Trippl M. Introduction: Combinatorial Knowledge Bases, Regional Innovation, and Development Dynamics [J] . Economic Geography, 2017, 93（5）: 429-435.

[36] Najafi-Tavani S, Najafi-Tavani Z, Naudé P, et al. How Collaborative Innovation Networks Affect New Product Performance: Product Innovation Capability, Process Innovation Capability, and Absorptive Capacity [J] . Industrial Marketing Management, 2018, 73: 193-205.

[37] Giusti J D, Alberti F G, Belfanti F. Makers and Clusters. Knowledge Leaks in Open Innovation Networks [J] . Journal of Innovation & Knowledge, 2020, 5（1）: 20-28.

[38] Bednarz M, Broekel T. The Relationship of Policy Induced R&D Networks and Inter-Regional Knowledge Diffusion [J] . Journal of Evolutionary Economics, 2019, 29（5）: 1459-1481.

[39] Champenois C, Etzkowitz H. From Boundary Line to Boundary Space: The Creation of Hybrid Organizations as a Triple Helix Micro-Foundation [J] . Technovation, 2018, 76: 28-39.

[40] Gabriele S, Stefano B, Armando P. Collaborative Modes with Cultural and Creative Industries and Innovation Performance: The Moderating Role of Heterogeneous Sources of Knowledge and Absorptive Capacity [J] . Technovation,

2020，92：1-9.

［41］Neulndtner M. An Empirical Agent-Based Model for Regional Knowledge Creation in Europe［J］. International Journal of Geo-Information，2020，9（8）：1-24.

［42］Ekaterina，Turkina，Ari，et al. Structure and Evolution of Global Cluster Networks： Evidence from the Aerospace Industry［J］. Journal of Economic Geography，2016，16（6）：1211-1234.

［43］Sabzian H，Shafia M A，Ghazanfari M，et al. Modeling the Adoption and Diffusion of Mobile Telecommunications Technologies in Iran： A Computational Approach Based on Agent-Based Modeling and Social Network Theory［J］. Sustainability，2020，12（7）：1-36.

［44］Köhler J，Schade W，Leduc G, et al. Leaving Fossil Fuels Behind? An Innovation System Analysis of Low Carbon Cars[J]. Journal of Cleaner Production, 2013, 48(6): 176-186.

［45］Frame D，Hannon M，Bell K，et al. Innovation in Regulated Electricity Distribution Networks： A Review of the Effectiveness of Great Britain's Low Carbon Networks Fund［J］. Energy Policy，2018，118：121-132.

［46］Melander L，Pazirandeh A. Collaboration Beyond the Supply Network for Green Innovation： Insight from11 Cases［J］. Supply Chain Management： An International Journal，2019，24（4）： 509-523.

［47］Fabrizio F，Francesco Q，Stefano U. Going Green： The Dynamics of Green Technological Alliances［J］. Economics of Innovation and New Technology，2020，31（5）：1-25.

［48］Melander L，Arvidsson A. Green Innovation Networks： A Research Agenda［J］. Journal of Cleaner Production，2022，357：1-11.

［49］Ansoff H I. Corporate Strategy： An Analytic Approach to Business Policy for Growth and Expansion［M］. New York： McGraw-Hill Companies，1965：10-22.

［50］Haken H. Advanced Synergetics［M］. New York： Springer，1983：

6–20.

［51］Gloor P A. Swarm Creativity： Competitive Advantage through Collaborative Innovation Networks［M］. New York： Oxford University Press, 2006： 19–48.

［52］Koschatzky K. Networking and Knowledge Transfer between Research and Industry in Transition Countries： Empirical Evidence from the Slovenian Innovation System［J］. The Journal of Technology Transfer, 2002, 27（1）： 27–38.

［53］Miller K, McAdam R, McAdam M. A Systematic Literature Review of University Technology Transfer from A Quadruple Helix Perspective: Toward A Research Agenda[J]. R&D Management, 2018, 48(1): 7–24.

［54］Vivona R, Demircioglu M A, Audretsch D B. The Costs of Collaborative Innovation［J］. The Journal of Technology Transfer, 2022： 1–27. https： //doi.org/10.1007/s10961–022–09933–1

［55］Tietze F, Pieper T, Herstatt C. To Own or Not to Own： How Ownership Impacts User Innovation–An Empirical Study［J］. Technovation, 2015, 38： 50–63.

［56］Serrano V, Fischer T. Collaborative Innovation in Ubiquitous Systems ［J］. Journal of Intelligent Manufacturing, 2007, 18（5）： 599–615.

［57］Calcagnini G, Giombini G, Liberati P, et al. A Matching Model of University‐Industry Collaborations［J］. Small Business Economics, 2016, 46 （1）： 31–43.

［58］Mata M N, Martins J M, Inácio P L. Collaborative Innovation and Absorptive Capacity as an Antecedent on IT Firm Financial Performance［J］. Journal of the Knowledge Economy, 2023： 1–23. https： //doi.org/10.1007/ s13132–023–01202–2.

［59］Varrichio P, Diogenes D, Jorge A, et al. Collaborative Networks and Sustainable Business： A Case Study in the Brazilian System of Innovation［J］. Procedia‐Social and Behavioral Sciences, 2012, 52： 90–99.

[60] Gupta S, Maltz E. Interdependency, Dynamism, and Variety Network Modeling to Explain Knowledge Diffusion at the Fuzzy Front-End of Innovation [J]. Journal of Business Research, 2015, 68 (11): 2434-2442.

[61] Faccin K, Balestrin A. The Dynamics of Collaborative Practices for Knowledge Creation in Joint R&D Projects [J]. Journal of Engineering and Technology Management, 2018, 48: 28-43.

[62] Hemmert M, Bstieler L, Okamuro H. Bridging the Cultural Divide: Trust Formation in University - Industry Research Collaborations in the US, Japan, and South Korea [J]. Technovation, 2014, 34 (10): 605-616.

[63] Bstieler L, Hemmert M, Barczak G. The Changing Bases of Mutual Trust Formation in Inter-organizational Relationships: A Dyadic Study of University-Industry Research Collaborations [J]. Journal of Business Research, 2017, 74: 47-54.

[64] Hutchison K J, Chao R O. Tolerance for Failure and Incentives for Collaborative Innovation [J]. Production and Operations Management, 2014, 23 (8): 1265-1285.

[65] Stoop J, Soest D, Vyrastekova J. Rewards and Cooperation in Social Dilemma Games [J]. Journal of Environmental Economics & Management, 2018, 88: 300 - 310.

[66] Berbegal M J, Garc í a J L S, Ribeiro-Soriano D E. University - Industry Partnerships for the Provision of R&D Services [J]. Journal of Business Research, 2015, 68 (7): 1407-1413.

[67] Manzini R, Lazzarotti V. Intellectual Property Protection Mechanisms in Collaborative New Product Development [J]. R&D Management, 2016, 46 (S2): 579-595.

[68] Kim Y J, Brown M. Impact of Domestic Energy-Efficiency Policies on Foreign Innovation: The Case of Lighting Technologies [J]. Energy Policy, 2019, 128: 539-552.

[69] Oliver A L, Montgomery K, Barda S. The Multi-Level Process of Trust

and Learning in University‐Industry Innovation Collaborations［J］. The Journal of Technology Transfer, 2020, 45（2）: 758-779.

［70］Dangelico R M, Pontrandolfo P, Pujari D. Developing Sustainable New Products in the Textile and Upholstered Furniture Industries: Role of External Integrative Capabilities［J］. Journal of Product Innovation Management, 2013, 30（4）: 642-658.

［71］Duscha V, Kersting J, Peterson S, et al. Development of Low‐Carbon Power Technologies and the Stability of International Climate Cooperation［J］. Climate Change Economics, 2021, 12（4）: 1-30.

［72］Hattori T, Nam H, Chapman A. Multilateral Energy Technology Cooperation: Improving Collaboration Effectiveness through Evidence from International Energy Agency Technology Collaboration Programmes［J］. Energy Strategy Reviews, 2022, 43: 1-15.

［73］陆小成. 区域低碳创新系统的构建——基于技术预见的视角［J］. 科学技术与辩证法, 2008, 25（6）: 97-101.

［74］邓正红. 低碳创新: 绿色潮流下的获利方法［M］. 北京: 科学出版社, 2012: 45-108.

［75］岳书敬, 王旭兰, 许耀. 中国工业行业低碳创新及其影响因素解析［J］. 财经科学, 2014（9）: 78-87.

［76］Luo M. The Effectiveness of Carbon Emission Reduction Demands for Sustainable Development Based on Low‐Carbon Technology［J］. Agro Food Industry Hi‐Tech, 2017, 28（1）: 3474-3477.

［77］李大元, 黄敏, 周志方. 组织合法性对企业碳信息披露影响机制研究——来自CDP中国100的证据［J］. 研究与发展管理, 2016, 28（5）: 44-54.

［78］Qi G Y, Shen L Y, Zeng S X, et al. The Drivers for Contractors' Green Innovation: An Industry Perspective［J］. Journal of Cleaner Production, 2010, 18（14）: 1358-1365.

［79］Peng X, Liu Y. Behind Eco-innovation: Managerial Environmental

Awareness and External Resource Acquisition［J］. Journal of Cleaner Production，2016，139：347-360.

［80］姚炯，沈能. 技术异质性与区域低碳创新效率评价［J］. 科技进步与对策，2018，35（22）：45-54.

［81］周志方，李祎，肖恬，等. 碳风险意识、低碳创新与碳绩效［J］. 研究与发展管理，2019，31（3）：72-83.

［82］Hu D，Jiao J，Tang Y，et al. How Global Value Chain Participation Affects Green Technology Innovation Processes： A Moderated Mediation Model ［J］. Technology in Society，2022，68：1-13.

［83］Yin H，Zhao J，Xi X，et al. Evolution of Regional Low-Carbon Innovation Systems with Sustainable Development： An Empirical Study with Big-Data［J］. Journal of Cleaner Production，2019，209：1545-1563.

［84］Sun Y，Chen M，Yang J，et al. Understanding Technological Input and Low-Carbon Innovation from Multiple Perspectives： Focusing on Sustainable Building Energy in China［J］. Sustainable Energy Technologies and Assessments，2022，53：1-11.

［85］Zhao Y，Yue Y，Wei P. Financing Advantage of Green Corporate Asset-Backed Securities and Its Impact Factors： Evidence in China［J］. Frontiers in Energy Research，2021，9：1-11.

［86］Zhang K，Chen H，Tang L，et al. Green Finance，Innovation and the Energy-Environment-Climate Nexus［J］. Frontiers in Environmental Science，2022，10：1-13.

［87］Hu S，Zhang P，Wei T. Financial Measures to Reduce Carbon Emissions in Britain，Japan and the United States： A SWOT Analysis［J］. International Journal of Environmental Research and Public Health，2022，19（17）：10771-10788.

［88］Yang B，Liu L，Yin Y. Will China＇s Low-Carbon Policy Balance Emission Reduction and Economic Development？ Evidence from Two Provinces ［J］. International Journal of Climate Change Strategies and Management，2021，

13（1）：78-94.

［89］Liu Z, Sun H. Assessing the Impact of Emissions Trading Scheme on Low-Carbon Technological Innovation： Evidence from China［J］. Environmental Impact Assessment Review, 2021, 89: 1-10.

［90］Cui H R, Zhu X F, Wang H G. Collaborative Innovation of Low-Carbon Technology from the Triple Helix Perspective： Exploring Critical Success Factors Based on DEMATEL-ISM［J］. Polish Journal of Environmental Studies, 2020, 29（2）: 1579-1592.

［91］Pan A, Zhang W N, Shi X P, et al. Climate Policy and Low-Carbon Innovation： Evidence from Low-Carbon City Pilots in China［J］. Energy Economics, 2022, 112: 1-17.

［92］Ren H M, Gu G F, Zhou H H. How Low-Carbon Innovation Drives City's Green Development? Evidence from China［J］. Environment, Development and Sustainability, 2023: 1-33. https: //doi.org/10.1007/s10668-023-03098-z

［93］Li W, Fan J, Zhao J. Has Green Finance Facilitated China's Low-Carbon Economic Transition? ［J］. Environmental Science and Pollution Research, 2022, 29: 57502-57515.

［94］Zhou K, Li Y. Carbon Finance and Carbon Market in China： Progress and Challenges［J］. Journal of Cleaner Production, 2019, 214: 536-549.

［95］Sun L, Wang J, Wang Z, et al. Mechanism of Carbon Finance's Influence on Radical Low-Carbon Innovation with Evidence from China［J］. Sustainability, 2020, 12（18）: 1-14.

［96］Chen Z G, Zhang Y Q, Wang H S, et al. Can Green Credit Policy Promote Low-Carbon Technology Innovation? ［J］. Journal of Cleaner Production, 2022, 359: 1-12.

［97］Shao H, Cheng J, Wang Y, et al. Can Digital Finance Promote Comprehensive Carbon Emission Performance? Evidence from Chinese Cities ［J］. International Journal of Environmental Research and Public Health,

2022, 19（16）：1-18.

　　[98] Jiang Y, Asante D, Zhang J, et al. The Effects of Environmental Factors on Low-Carbon Innovation Strategy： A Study of the Executive Environmental Leadership in China [J]. Journal of Cleaner Production, 2020, 266：1-12.

　　[99] Yan Z, Yi L, Du K, et al. Impacts of Low-Carbon Innovation and Its Heterogeneous Components on CO2 Emissions [J]. Sustainability, 2017, 9（4）：1-14.

　　[100] Ma J, Hu Q, Shen W, et al. Does the Low-Carbon City Pilot Policy Promote Green Technology Innovation? Based on Green Patent Data of Chinese A-Share Listed Companies [J]. International Journal of Environmental Research and Public Health, 2021, 18（7）：1-18.

　　[101] Wang H, An L, Zhang X. Evaluation of Regional Innovation Ability Based on Green and Low-Carbon Perspective [J]. Bulgarian Chemical Communications, 2017, 49： 55-58.

　　[102] Guo H, Yang C, Liu X, et al. Simulation Evaluation of Urban Low-Carbon Competitiveness of Cities within Wuhan City Circle in China [J]. Sustainable Cities and Society, 2018, 42： 688-701.

　　[103] Jiang L, Folmer H, Ji M, et al. Revisiting Cross-Province Energy Intensity Convergence in China： A Spatial Panel Analysis [J]. Energy Policy, 2018, 121： 252-263.

　　[104] 梁文群, 秦天如, 梁鹏. 中国区域绿色低碳创新效率的分类测度与比较 [J]. 干旱区资源与环境, 2019, 33（11）： 9-16.

　　[105] Li W, Xu J, Ostic D, et al. Why Low-Carbon Technological Innovation Hardly Promote Energy Efficiency of China? – Based on Spatial Econometric Method and Machine Learning [J]. Computers & Industrial Engineering, 2021, 160：1-12.

　　[106] 盖文启, 王缉慈. 论区域的技术创新型模式及其创新网络——以北京中关村地区为例 [J]. 北京大学学报（哲学社会科学版）, 1999, 36

（5）：29-36.

［107］李星. 企业集群创新网络多主体合作创新机理研究［D］. 武汉：武汉大学博士学位论文，2011：25-29.

［108］Chen Y，Li S. Research of Innovation Diffusion on Industrial Networks［J］. Mathematical Problems in Engineering，2014，2014：1-8.

［109］方炜，王莉丽. 协同创新网络演化模型及仿真研究——基于类DNA翻译过程［J］. 科学学研究，2018，36（7）：1294-1304.

［110］任义科，张立成，段伟宇. 网络结构、企业特征与产学研合作创新能力演化趋势［J］. 科技进步与对策，2021，38（19）：19-28.

［111］Su Y，Jiang X. Simulation Research on Knowledge Flow in a Collaborative Innovation Network［J］. Expert Systems，2023：1-20. https：//doi.org/10.1111/exsy.13280

［112］Qiao T，Shan W，Zhang M，et al. How to Facilitate Knowledge Diffusion in Complex Networks：The Roles of Network Structure，Knowledge Role Distribution and Selection Rule［J］. International Journal of Information Management，2019，47：152-167.

［113］鲁若愚，周阳，丁奕文，等. 企业创新网络：溯源、演化与研究展望［J］. 管理世界，2021，37（1）：217-233，14.

［114］Gao S，Song X，Ding R. Promoting Information Transfer in Collaborative Projects through Network Structure Adjustment［J］. Journal of Construction Engineering and Management，2020，146（2）：1-15.

［115］Mao C，Yu X，Zhou Q，et al. Knowledge Growth in University-Industry Innovation Networks – Results from a Simulation Study［J］. Technological Forecasting and Social Change，2020，151：119746-119754.

［116］李海林，龙芳菊，林春培. 网络整体结构与合作强度对创新绩效的影响［J］. 科学学研究，2023，41（1）：168-180.

［117］王海花，杜梅，刘钊成. 高校知识网络对产学协同创新绩效的影响研究［J］. 科研管理，2023，44（2）：116-126.

［118］顾伟男，刘慧，王亮. 国外创新网络演化机制研究［J］. 地理科

学进展，2019，38（12）：1977–1990.

[119] 贾卫峰，楼旭明，党兴华，等. 基于知识匹配视角的技术创新网络中核心企业成长研究 [J]. 管理学报，2018，15（3）：375–381.

[120] 杨毅，党兴华，成泷. 技术创新网络分裂断层与知识共享：网络位置和知识权力的调节作用 [J]. 科研管理，2018，39（9）：59–67.

[121] Xu Y, Qi L, Lyu X, et al. An Evolution Analysis of Collaborative Innovation Network Considering Government Subsidies and Supervision [J]. Mathematical Problems in Engineering, 2019, 2019：1–12.

[122] 曹霞，李传云，于娟，等. 市场机制和政府调控下的产学研合作创新网络演化博弈仿真——以新能源汽车产业为例 [J]. 系统管理学报，2020，29（3）：464–474.

[123] Li E, Yao F, Xi J, et al. Evolution Characteristics of Government–Industry–University–Research Cooperative Innovation Network for China's Agriculture and Influencing Factors：Illustrated According to Agricultural Patent Case [J]. Chinese Geographical Science, 2018, 28（1）：137–152.

[124] Zhu W D, Yue Z L, He N Y, et al. Analysis of China's Urban Innovation Connection Network Evolution：A Case Study of Henan Province [J]. Sustainability, 2022, 14（3）：1–19.

[125] Wang J, Cao X. Evolution Process and Simulation of Advanced Equipment Manufacturing Innovation Network Based on Intelligent System [J]. Big Data, 2022, 10（3）：204–214.

[126] 陆小成，刘立. 基于科学发展观的区域低碳创新系统架构分析与实现机制 [J]. 中国科技论坛，2009（6）：32–36.

[127] 傅首清. 区域创新网络与科技产业生态环境互动机制研究——以中关村海淀科技园区为例 [J]. 管理世界，2010（6）：8–13，27.

[128] 张广欣. 制造业低碳创新网络治理机制演化博弈研究 [D]. 昆明：昆明理工大学硕士学位论文，2020：14–16.

[129] 刘立菊. 全球价值链下制造业低碳创新网络对低碳创新绩效的影响研究 [D]. 昆明：昆明理工大学硕士学位论文，2021：10–14.

［130］樊步青，王莉静.我国制造业低碳创新系统及其危机诱因与形成机理分析［J］.中国软科学，2016（12）：51-60.

［131］王晓岭，武春友.低碳型产业创新网络的构建——来自黑龙江庆华新能源战略产业园的实证研究［J］.当代经济管理，2011，33（10）：25-30.

［132］陈文婕，曾德明.低碳技术合作创新网络中的多维邻近性演化［J］.科研管理，2019，40（3）：30-40.

［133］徐建中，赵亚楠，朱晓亚.基于复杂网络演化博弈的企业低碳创新合作行为网络演化机理研究［J］.运筹与管理，2019，28（6）：70-79.

［134］Dong C Q, Bi K X. On Innovation Performance of Low-Carbon Technology Breakthrough Innovation Network in Manufacturing Industry under the Global Value Chain: A Case Study Based on Chinese Manufacturing Industries ［J］. IEEE Access, 2020, 8: 174080-174093.

［135］Yang C, Liu S. Spatial Correlation Analysis of Low-Carbon Innovation: A Case Study of Manufacturing Patents in China ［J］. Journal of Cleaner Production, 2020, 273: 1-14.

［136］陈光.企业协同创新管理的高标准定位与审计［J］.管理学报，2005，2（3）：327-332.

［137］郑刚，陈骁骅.企业技术与市场要素协同创新研究——基于浙江大华技术股份有限公司的案例分析［J］.科技进步与对策，2015，32（15）：69-74.

［138］陈劲，阳银娟.协同创新的理论基础与内涵［J］.科学学研究，2012，30（2）：161-164.

［139］许庆瑞，郑刚，陈劲.全面创新管理：创新管理新范式初探——理论溯源与框架［J］.管理学报，2006，3（2）：135-142.

［140］Ma R, Meng F, Du H. CI-Block: A Blockchain System for Information Management of Collaborative Innovation ［J］. Intelligent Automation and Soft Computing, 2022, 33（3）: 1623-1637.

［141］Wang Z. Knowledge Integration in Collaborative Innovation and a Self-

Organizing Model [J]. International Journal of Information Technology & Decision Making, 2012, 11 (2): 427-440.

[142] 戚湧, 张明, 丁刚. 基于博弈理论的协同创新主体资源共享策略研究 [J]. 中国软科学, 2013, 265 (1): 149-154.

[143] 洪银兴. 关于创新驱动和协同创新的若干重要概念 [J]. 经济理论与经济管理, 2013 (5): 5-12.

[144] 解学梅. 企业协同创新影响因素与协同程度多维关系实证研究 [J]. 科研管理, 2015, 36 (2): 69-78.

[145] Zhao J Y, Wang G D. Evolution of the Chinese Industry-University-Research Collaborative Innovation System [J]. Complexity, 2017, 2017: 1-13.

[146] 吴卫红, 陈高翔, 张爱美. "政产学研用资" 多元主体协同创新三三螺旋模式及机理 [J]. 中国科技论坛, 2018 (5): 1-10.

[147] 原长弘, 张树满. 以企业为主体的产学研协同创新: 管理框架构建 [J]. 科研管理, 2019, 40 (10): 184-192.

[148] 吴悦, 李小平, 涂振洲, 等. 知识流动视角下动态能力影响产学研协同创新过程的实证研究 [J]. 科技进步与对策, 2020, 37 (8): 115-123.

[149] Yin S, Zhang N, Li B, et al. Enhancing the Effectiveness of Multi-Agent Cooperation for Green Manufacturing: Dynamic Co-evolution Mechanism of a Green Technology Innovation System Based on the Innovation Value Chain [J]. Environmental Impact Assessment Review, 2021, 86: 1-16.

[150] Wu S H, Coughlan P, Coghlan D, et al. Developing Green Process Innovation through Network Action Learning [J]. Creativity and Innovation Management, 2022, 31 (2): 248-259.

[151] 吕璞, 马可心. 基于相对风险分担的集群供应链协同创新收益分配机制研究 [J]. 运筹与管理, 2020, 29 (9): 115-123.

[152] Chen W T, Hu Z H. Analysis of Multi-Stakeholders' Behavioral Strategies Considering Public Participation under Carbon Taxes and Subsidies: An Evolutionary Game Approach [J]. Sustainability, 2020, 12 (3): 1-26.

［153］许彩侠. 区域协同创新机制研究——基于创新驿站的再思考［J］. 科研管理，2012，33（5）：19–25，55.

［154］解学梅. 协同创新效应运行机理研究：一个都市圈视角［J］. 科学学研究，2013，31（12）：1907–1920.

［155］王毅，张雄. 基于高度集约化的协同创新机制研究［J］. 科学管理研究，2014，32（5）：24–27.

［156］张纪海，周雪亮，樊伟. 集成动员理论下军民科技协同创新机制设计研究［J］. 科技进步与对策，2020，37（13）：120–126.

［157］彭晓芳，吴洁，盛永祥，等. 创新生态系统中多主体知识转移生态关系的建模与实证分析［J］. 情报理论与实践，2019，42（9）：111–116.

［158］田庆锋，张添，张硕，等. 军民科技协同创新要素融合机制研究［J］. 科技进步与对策，2020，37（10）：136–145.

［159］蒋兴华，汪玲芳，范心雨，等. 基于一般系统模块论的协同创新体系运行机制研究［J］. 科技管理研究，2020，40（19）：9–14.

［160］刘勇. 利益分配视角下产学研协同创新激励机制［J］. 系统管理学报，2016，25（6）：984–992.

［161］张忠寿，高鹏. 科技金融生态系统协同创新及利益分配机制研究［J］. 宏观经济研究，2019（9）：47–57，66.

［162］Hou J，Li B Z. The Evolutionary Game for Collaborative Innovation of the IoT Industry under Government Leadership in China： An IoT Infrastructure Perspective［J］. Sustainability，2020，12（9）：1–21.

［163］周国华，李施瑶，夏小雨. 基于利益分配的复杂产品协同创新网络合作行为演化研究［J］. 技术经济，2020，39（3）：10–19，29.

［164］Ji L，Zhang J，Pi Y，et al. Research on the Benefit–Sharing Model of Collaborative Innovation Mechanism in Power Innovation Park［J］. Mathematical Problems in Engineering，2021，2021：1–12.

［165］吴洁，车晓静，盛永祥，等. 基于三方演化博弈的政产学研协同创新机制研究［J］. 中国管理科学，2019，27（1）：162–173.

［166］Zhao X，Yu B，Ding L L，et al. Tripartite Evolutionary Game Theory

Approach for Low-Carbon Power Grid Technology Cooperation with Government Intervention［J］. IEEE Access，2020，8：47357-47369.

［167］汤薪玉，李湘黔. 军地协同创新补偿激励机制研究［J］. 科技管理研究，2020，40（20）：197-203.

［168］李婉红，李娜. 绿色智能制造生态系统多主体协同创新的随机演化博弈［J/OL］. 运筹与管理，2022：1-10［2023-03-29］. http：//kns.cnki. net/kcms/detail/34.1133.G3.20220314.1808.004.html.

［169］Hu C，Liu P，Yang H，et al. A Novel Evolution Model to Investigate the Collaborative Innovation Mechanism of Green Intelligent Building Materials Enterprises for Construction 5.0［J］. AIMS Mathematics，2023，8（4）：8117-8143.

［170］张磊，朱先奇，史彦虎. 科技型中小企业信任协调机制博弈分析——基于协同创新视角［J］. 企业经济，2017，36（8）：61-67.

［171］陈伟，王秀锋，曲慧，等. 产学研协同创新共享行为影响因素研究［J］. 管理评论，2020，32（11）：92-101.

［172］Meng X，Di K，Su H，et al. The Relationship between the Interactive Behavior of Industry-University-Research Subjects and the Cooperative Innovation Performance：The Mediating Role of Knowledge Absorptive Capacity ［J］. Frontiers in psychology，2023，13：1-16.

［173］李柏洲，曾经纬，王丹，等. 基于知识行为的企业绿色创新系统协同演化研究［J］. 管理工程学报，2020，34（5）：42-52.

［174］苏加福，杨涛，胡森森. 基于UWN的协同创新知识网络知识流动效率测度［J］. 科研管理，2020，41（8）：248-257.

［175］马永红，刘海礁，柳清. 产业集群协同创新知识共享策略的微分博弈研究［J］. 运筹与管理，2020，29（9）：82-88.

［176］葛静. 企业低碳技术创新网络构建及运行机制研究［D］. 保定：华北电力大学硕士学位论文，2014：40-44.

［177］Wu B，Liu P，Xu X. An Evolutionary Analysis of Low-Carbon Strategies Based on the Government‐Enterprise Game in the Complex Network

Context [J] . Journal of Cleaner Production, 2017, 141: 168–179.

[178] Fan R G, Dong L L, Yang W G, et al. Study on the Optimal Supervision Strategy of Government Low-Carbon Subsidy and the Corresponding Efficiency and Stability in the Small-World Network Context [J] . Journal of Cleaner Production, 2017, 168: 536–550.

[179] Zhang L, Xue L, Zhou Y. How Do Low-Carbon Policies Promote Green Diffusion among Alliance-Based Firms in China? An Evolutionary-Game Model of Complex Networks [J] . Journal of Cleaner Production, 2019, 210: 518–529.

[180] Wang L, Zheng J. Research on Low-Carbon Diffusion Considering the Game among Enterprises in the Complex Network Context [J] . Journal of Cleaner Production, 2019, 210: 1–11.

[181] 刘冰. 制造业低碳创新网络的形成机理研究 [D] . 昆明: 昆明理工大学硕士学位论文, 2019: 13–15.

[182] Zhao D Z, Hao J Q, Cao C J, et al. Evolutionary Game Analysis of Three-Player for Low-Carbon Production Capacity Sharing [J] . Sustainability, 2019, 11 (11): 1–20.

[183] Zhou K, Ren T. Low-Carbon Technology Collaborative Innovation in Industrial Cluster with Social Exclusion: An Evolutionary Game Theory Perspective [J] . Chaos: An Interdisciplinary Journal of Nonlinear Science, 2021, 31 (3): 1–13.

[184] Chen L, Bai X, Chen B, et al. Incentives for Green and Low-Carbon Technological Innovation of Enterprises under Environmental Regulation: From the Perspective of Evolutionary Game [J] . Frontiers in Energy Research, 2022, 9: 1–14.

[185] Ronald S B. General Social Survey Network Items [J] . Connections, 1985, 8 (1): 19–23.

[186] Fombrum C J. Strategies for Network Research in Organizations [J] . Academy of Management Review, 1982, 7 (2): 280–291.

［187］Hakansson H. Industrial Technological Development： A Network Approach［M］. London： Croom Helm, 1987： 234.

［188］Jarillo J C. On Strategic Networks［J］. Strategic Management Journal, 1988, 9（1）： 31-41.

［189］臧欣昱. 区域创新系统多元主体协同创新机制研究［D］. 哈尔滨： 哈尔滨工程大学博士学位论文, 2018： 24-53.

［190］方炜, 王莉丽. 协同创新网络的研究现状与展望［J］. 科研管理, 2018, 39（9）： 30-41.

［191］曹希敬. 系统论视角下的科研项目管理研究［J］. 科研管理, 2020, 41（9）： 278-283.

［192］王昌森, 董文静. 创新驱动发展运行机制及能力提升路径——以"多元主体协同互动"为视角［J］. 企业经济, 2021, 40（3）： 151-160.

［193］张路蓬. 基于创新网络的协同创新机制研究［D］. 哈尔滨： 哈尔滨工程大学博士学位论文, 2016： 50-53.

［194］陈劲, 阳银娟. 协同创新的驱动机理［J］. 技术经济, 2012, 31（8）： 6-11, 25.

［195］侯二秀, 石晶. 企业协同创新的动力机制研究综述［J］. 中国管理科学, 2015, 23（S1）： 711-717.

［196］蔡启明, 赵建. 基于流程的产学研协同创新机制研究［J］. 科技进步与对策, 2017, 34（3）： 7-13.

［197］孟凡生, 马茹浩. 离散制造智能化关键技术协同创新及影响因素研究［J］. 科研管理, 2023, 44（1）： 37-47.

［198］董睿, 张海涛. 产学研协同创新模式演进中知识转移机制设计［J］. 软科学, 2018, 32（11）： 6-10.

［199］Wu Y, Gu X, Tu Z, et al. System Dynamic Analysis on Industry-University-Research Institute Synergetic Innovation Process Based on Knowledge Flow［J］. Scientometrics, 2022, 127（3）： 1317-1338.

［200］Teece D J. Technology Transfer by Multinational Firms：The Resource Cost of Transferring Technological Know-How［J］. The Economic Journal,

1977, 87（346）：242-261.

［201］Xu Y, Zhu J, Tao C Q. The Mechanism of Technological Potential Energy Driving Industry-University-Research Institution Collaborative Innovation ［J］. International Entrepreneurship and Management Journal, 2021, 17（4）：1541-1567.

［202］Nonaka I. A Dynamic Theory of Organizational Knowledge Creation ［J］. Organization Science, 1994, 5（1）：14-37.

［203］Teng M, Pedrycz W. Knowledge Transfer in Project-Based Organisations：A Dynamic Granular Cognitive Maps Approach ［J］. Knowledge Management Research & Practice, 2022, 20（2）：233-250.

［204］Noorderhaven N, Harzing A W. Knowledge-Sharing and Social Interaction within MNEs ［J］. Journal of International Business Studies, 2009, 40（5）：719-741.

［205］王核成，桑贝贝，刘聪. 顾客参与影响制造企业——供应商知识转移的系统动力学分析 ［J］. 科技管理研究, 2019, 39（14）：248-255.

［206］Gilbert M, Cordey-Hayes M. Understanding the Process of Knowledge Transfer to Achieve Successful Technological Innovation ［J］. Technovation, 1996, 16（6）：301-312.

［207］Li X G, Li X K. The Impact of Different Internet Application Contexts on Knowledge Transfer between Enterprises ［J］. Systems, 2021, 9（4）：1-18.

［208］Dong Y, Yao X, Wei Z. Research on the Process of Knowledge Value Co-creation between Manufacturing Enterprises and Internet Enterprises ［J］. Knowledge Management Research & Practice, 2023：1-16. https：//doi.org/10.1080/14778238.2023.2189170.

［209］Zhou Q, Deng X, Hwang B G, et al. System Dynamics Approach of Knowledge Transfer from Projects to the Project-Based Organization ［J］. International Journal of Managing Projects in Business, 2022, 15（2）：324-349.

［210］Liu H, Yu Y, Sun Y, et al. A System Dynamic Approach for

Simulation of A Knowledge Transfer Model of Heterogeneous Senders in Mega Project Innovation［J］. Engineering, Construction and Architectural Management, 2021, 28（3）: 681-705.

［211］Argote L, Guo J, Park S S, et al. The Mechanisms and Components of Knowledge Transfer: The Virtual Special Issue on Knowledge Transfer within Organizations［J］. Organization Science, 2022, 33（3）: 1232-1249.

［212］Skaggs B C, Youndt M. Strategic Positioning, Human Capital, and Performance in Service Organizations: A Customer Interaction Approach［J］. Strategic Management Journal, 2004, 25（1）: 85-99.

［213］康鑫, 赵丹妮. 知识势差、知识隐匿与知识进化: 组织惰性的调节作用［J］. 科技进步与对策, 2021, 38（6）: 122-130.

［214］Zhang H, Zhou M, Rao H, et al. Dynamic Simulation Research on the Effect of Resource Heterogeneity on Knowledge Transfer in R&D Alliances［J］. Knowledge Management Research & Practice, 2021, 19（3）: 370-386.

［215］胡健, 刘佳杰, 孙金花. 基于SD模型的虚拟社区中个体隐性知识共享行为研究［J］. 情报理论与实践, 2019, 42（5）: 73-81.

［216］Friedman D. A Simple Testable Model of Double Auction Markets ［J］. Journal of Economic Behavior & Organization, 1991, 15（1）: 47-70.

［217］Lyapunov A M. The General Problem of the Stability of Motion［J］. International Journal of Control, 1992, 55（3）: 531-534.

［218］Liu L, Liao W. Optimization and Profit Distribution in a Two-Echelon Collaborative Waste Collection Routing Problem from Economic and Environmental Perspective［J］. Waste Management, 2021, 120: 400-414.

［219］Yin S, Zhang N, Li B. Improving the Effectiveness of Multi-Agent Cooperation for Green Manufacturing in China: A Theoretical Framework to Measure the Performance of Green Technology Innovation［J］. International Journal of Environmental Research and Public Health, 2020, 17（9）: 1-27.

［220］Sun Y, Xu J. Evaluation Model and Empirical Research on the Green Innovation Capability of Manufacturing Enterprises from the Perspective of Ecological

Niche〔J〕. Sustainability，2021，13（21）：1–21.

〔221〕王雅洁，张嘉颖. 城市群协同创新动态评价〔J〕. 统计与决策，2022，38（8）：168–173.

〔222〕Atanassov K，Gargov G. Interval–Valued Intuitionistic Fuzzy Sets〔J〕. Fuzzy Sets and Systems，1989，3（31）：343–349.

〔223〕Xu T T，Zhang H，Li B. Axiomatic Framework of Fuzzy Entropy and Hesitancy Entropy in Fuzzy Environment〔J〕. Soft Computing，2021，25（2）：1219–1238.

〔224〕Burillo P，Bustince H. Entropy on Intuitionistic Fuzzy Sets and on Interval–Valued Fuzzy Sets〔J〕. Fuzzy Sets and Systems，1996，3（78）：305–316.

〔225〕陈业华，黄璐. 直觉模糊熵的改进及其在应急决策中的应用〔J〕. 统计与决策，2018，34（22）：86–91.

〔226〕Ye J. Two Effective Measures of Intuitionistic Fuzzy Entropy〔J〕. Computing，2010，87（1–2）：55–62.

〔227〕Zhang Z. Hesitant Fuzzy Power Aggregation Operators and Their Application to Multiple Attribute Group Decision Making〔J〕. Information Sciences，2013，234：150–181.

〔228〕Verma R，Sharma B D. Exponential Entropy on Intuitionistic Fuzzy Sets〔J〕. Kybernetika，2013，49（1）：114–127.

〔229〕Szmidt E，Kacprzyk J. Entropy for Intuitionistic Fuzzy Sets〔J〕. Fuzzy Sets and Systems，2001，118（3）：467–477.

〔230〕王毅，雷英杰. 一种直觉模糊熵的构造方法〔J〕. 控制与决策，2007，22（12）：1390–1394.

〔231〕Zeng W Y，Li H X. Relationship between Similarity Measure and Entropy of Interval Valued Fuzzy Sets〔J〕. Fuzzy Sets and Systems，2006，11（157）：1477–1484.

〔232〕吴涛，白礼虎，刘二宝，等. 直觉模糊集新的熵公式及应用〔J〕. 计算机工程与应用，2013，49（23）：48–51.

［233］Guo K，Song Q. On the Entropy for Atanassov's Intuitionistic Fuzzy Sets： An Interpretation from the Perspective of Amount of Knowledge［J］. Applied Soft Computing，2014，24：328-340.

［234］张荣荣，李永明. 犹豫直觉模糊集的知识测度及其应用［J］. 计算机工程与科学，2019，41（11）：2017-2026.

［235］刘佳静，郑建明. 公共文化服务平台传播影响力测度体系的构建及应用［J］. 情报科学，2021，39（9）：155-161，169.

［236］陈文俊，杨恶恶，贺正楚，等. 基于直觉模糊信息的中国中西部省会城市生态竞争力比较［J］. 中国软科学，2014（5）：151-163.

［237］Cai Y，Yu J. Engineering Geological Environment Comprehensive Evaluation with Intuitionistic Fuzzy Information［J］. Journal of Intelligent & Fuzzy Systems，2016，30（5）：2705-2711.

［238］Xu Z. Intuitionistic Fuzzy Aggregation Operators［J］. IEEE Transactions on Fuzzy Systems，2007，15（6）：1179-1187.

［239］陈晓红，张威威，徐选华. 社会网络环境下基于犹豫度和一致性的大群体决策方法［J］. 系统工程理论与实践，2020，40（5）：1178-1192.

［240］朱潜挺，宋娜，阚之程，等. 京津冀城市群低碳转型的微观主体驱动机理分析与建模［J］. 环境保护，2021，49（Z2）：40-43.

［241］宋德勇，李项佑，李超，等. 中国低碳城市建设的创新驱动效应评估——兼论多重嵌套试点示范机制的完善［J］. 科技进步与对策，2020，37（22）：28-37.

［242］王文举，孔晓旭. 基于2030年碳达峰目标的中国省域碳配额分配研究［J］. 数量经济技术经济研究，2022，39（7）：113-132.

附　　录

低碳创新网络多主体协同创新评价指标权重专家评分表

尊敬的专家：

您好！我们正在进行有关低碳创新网络多主体协同创新评价的调研工作，采用层次分析法确定评价指标的权重，请您根据实际情况填写。此次调查不记名，结果仅用于学术研究。感谢您对此次调研工作的帮助和支持！

一、评分说明

评分表采用1至9的标度等级进行评分，不同级别的评分说明，如表1所示。

表1　评分标度及其含义

Table 1 Scoring scale and its meaning

定义（a_{ij}）	标度
两个因素i和j同等重要	1
两个因素i比j稍微重要	3
两个因素i比j重要	5
两个因素i比j强烈重要	7
两个因素i比j绝对重要	9
重要程度位于上述两个相邻判断的中间值	2、4、6、8
两个因素j比i的重要度标度	倒数

二、评分表

请您在表2至表6中对横向和纵向的因素进行两两比较，并将打分填写到表格的相应空白处。其中横栏因素为i，纵栏因素为j。

表2 准则层相对重要性评分表

	低碳创新网络多主体 协同创新投入	低碳创新网络多主体 协同创新合作	低碳创新网络多主体 协同创新产出	低碳创新网络多主体 协同创新辅助条件
低碳创新网络多主体协同创新投入	1			
低碳创新网络多主体协同创新合作	—	1		
低碳创新网络多主体协同创新产出	—	—	1	
低碳创新网络多主体协同创新辅助条件	—	—	—	1

表3　低碳创新网络多主体协同创新投入相对重要性评分表

	有研究与试验发展(R&D)活动的规模以上工业企业数	规上工业企业R&D人员全时当量	研究与开发机构数	研究与开发机构(R&D)人员全时当量	高等学校数	高等学校(R&D)人员全时当量	财政科学技术支出	财政教育支出	能源消费总量
有研究与试验发展(R&D)活动的规模以上工业企业数	1								
规上工业企业R&D人员全时当量	—	1							
研究与开发机构数	—	—	1						
研究与开发机构(R&D)人员全时当量	—	—	—	1					
高等学校数	—	—	—	—	1				
高等学校(R&D)人员全时当量	—	—	—	—	—	1			
财政科学技术支出	—	—	—	—	—	—	1		
财政教育支出	—	—	—	—	—	—	—	1	
能源消费总量	—	—	—	—	—	—	—	—	1

表4 低碳创新网络多主体协同创新合作相对重要性评分表

	规上工业R&D经费内部支出中的政府资金	高校R&D经费内部支出中的政府资金	高校R&D经费内部支出中的企业资金	研究与开发机构R&D经费内部支出中的政府资金	研究与开发机构R&D经费内部支出中的企业资金	规上工业企业R&D经费外部支出（对研究机构）	规上工业企业R&D经费外部支出（高校）	高校R&D经费外部支出（对研究机构）	高校R&D经费外部支出（对企业）	研究与开发机构R&D经费外部支出（对高校）	研究与开发机构R&D经费外部支出（对企业）
规上工业企业R&D经费内部支出中的政府资金	1										
高校R&D经费内部支出中的政府资金	—	1									
高校R&D经费内部支出中的企业资金	—	—	1								
研究与开发机构R&D经费内部支出中的政府资金	—	—	—	1							
研究与开发机构R&D经费内部支出中的企业资金	—	—	—	—	1						
规上工业企业R&D经费外部支出（对研究机构）	—	—	—	—	—	1					
规上工业企业R&D经费外部支出（高校）	—	—	—	—	—	—	1				
高校R&D经费外部支出（对研究机构）	—	—	—	—	—	—	—	1			
高校R&D经费外部支出（对企业）	—	—	—	—	—	—	—	—	1		
研究与开发机构R&D经费外部支出（对高校）	—	—	—	—	—	—	—	—	—	1	
研究与开发机构R&D经费外部支出（对企业）	—	—	—	—	—	—	—	—	—	—	1

表5　低碳创新网络多主体协同创新产出相对重要性评分表

	技术输出地域合同金额	技术流向地域合同金额	高等院校专利所有权转让及许可收入	研究机构专利所有权转让及许可收入	国外技术引进合同金额	技术市场成交额	新产品销售收入	低碳专利申请量	国外三大检索工具收录科技论文数	二氧化碳排放量
技术输出地域合同金额	1									
技术流向地域合同金额	—	1								
高等院校专利所有权转让及许可收入	—	—	1							
研究机构专利所有权转让及许可收入	—	—	—	1						
国外技术引进合同金额	—	—	—	—	1					
技术市场成交额	—	—	—	—	—	1				
新产品销售收入	—	—	—	—	—	—	1			
低碳专利申请量	—	—	—	—	—	—	—	1		
国外三大检索工具收录科技论文数	—	—	—	—	—	—	—	—	1	
二氧化碳排放量	—	—	—	—	—	—	—	—	—	1

表6 低碳创新网络多主体协同创新辅助条件相对重要性评分表

	地区生产总值	外商投资企业投资总额	金融机构贷款余额	互联网宽带接入端口	大专以上学历人口数
地区生产总值	1				
外商投资企业投资总额	—	1			
金融机构贷款余额	—	—	1		
互联网宽带接入端口	—	—	—	1	
大专以上学历人口数	—	—	—	—	1